전안나의 책쓰기 수업

전안나 지음

전안나의 책쓰기 수업

베스트셀러 작가가 알려주는

사회복지 책 한 권 완성법

인간과복지

차례

책으로 글로 사람을 돕는 베스트셀러 작가 사회복지사 전안나입니다. 저는 평범한 워킹맘 사회복지사였습니다. 2017년 어느 날 책이 너무 쓰고 싶어졌습니다. 견딜 수 없는 마음에 불타올라 그날부터 책을 쓰기 시작했고 운 좋게도 대형 출판사와 계약을 하며 첫 책이 11쇄, 3만 권이 판매되는 베스트셀러가 되었습니다. 책을 낸 후 저는 더 이상 소진이 온 사회복지사가 아닌, 베스트셀러 작가 사회복지사 전안나로 사람들에게 알려지게 되었습니다.

평범한 사회복지사가 갑자기 책을 내자 책을 어떻게 쓰는 것인지 궁금해하는 사회복지사가 많았습니다. 책쓰기에 대한 책을 써보라는 제안도 받았고, 책쓰기 컨설팅을 해달라는 요청도 받았습니다. 하지만 9년 동안 거절했습니다. 최소 10권의 책을 내보기 전에 남을 가르치는 것은 스스로 자격이 되지 않는다고 생각해서 자기계발서, 실용서, 에세이, 아동·청소년 도서, 독립 출판, 공동 저서를 기획해서 14권의 책을 출간하였습니다. 10권 책을 낸 후에는 직접 출판사를 창업해서 단독 저서와 공동 저서 20여 팀, 50여 명의 출판을 경험해 보니 이제 다른 사회복지사를 도울 준비가 되었다는 생각이 들었습니다.

이 책은 처음 책을 써보려는 사회복지사, 공동 저서는 써 봤지만 단독 저서를 처음 써보려는 사회복지사, 비매품은 써 봤지만 서점에서 판매되는 책을 처음 써보려는 사회복지사, 자비 출판은 해 봤지만 상업 출판을 처음 해보려는 사회복지사, 첫 책은 출판했는데 두 번째 책을 자꾸 거절당하는 사회복지사를 위한 책입니다.

책의 1부에는 작가 사회복지사가 된 저의 이야기와 함께 10명의 작가 사회복지사의 인터뷰가 있습니다. 사회복지사인데 왜 책을 쓰게 되었는지, 어떻게 책쓰기를 공부했는지, 책을 쓰고나서 달라진 점은 무엇인지, 책 쓰기를 망설이는 사회복지사에게 들려주는 진솔한 이야기를 읽으며 나도 책을 쓸 수 있다는 가능성을 찾기를 바랍니다. 2부부터 5부까지는 책 쓰기 전 기본 이해와 함께 시장성 있는 책을 기획하는 방법, 독자가 읽고 싶은 베스트셀러 원고를 집필하는 방법, 좋은 출판사와 계약을 잘 체결하고 도서 홍보까지 책쓰기의 A부터 Z까지를 모두 담았습니다. 또 부록에는 책쓰기 컨설팅하면서 많이 받았던 예비 작가의 공동 질문 20개도 수록하였습니다.

작가의 길을 먼저 걸어본 사회복지사로, 저의 시행착오를 바탕으로 지름길을 안내할 터이니, 여러분 모두의 "성공 책 쓰기"를 기원합니다. 여러분도 베스트셀러 작가가 될 수 있습니다.

2025년 11월 전안나

01

책 쓰는 사회복지사들

책쓰기를 위해서는 자격증이나 시험, 학점 이수가 필요하지 않습니다.

여러분의 학벌, 나이, 지위, 기관의 규모는 책을 내는데 아무런 문제가 되지 않습니다.

내가 쓰면 가능한 것입니다. 스스로에게 책쓰기를 허락하세요.

과학을 좋아하고요
그런데
사람을 좋아합니다

내 동생
입학
도전기

아들에게는
아들의 속도가
있습니다

선물합니다! 실패할 권리

누구나 죽음은
처음입니다

ORGANIZATIONAL DEMOCRACY
ON SOCIAL WORK FIELDS
ORGANIZATIONAL INNOVATION
조직민주주의
복지현장
조직혁신

사회복지 실천 평가
워크북
Evaluating Social Work Practice
: A Hands-On Workbook

알아야 챙기는
복지
상식

1. 사회복지사에서 작가로

22년 차 사회복지사이자, 9년 차 작가인 전안나입니다. 사회복지를 전공하고 사회복지사로만 일하던 제가, 책 쓰는 사회복지사가 된 계기는 소진 때문이었습니다. 처음 사회복지 현장에 올 때 은사님의 "한 분야에서 10년은 일을 해야 전문가가 된다."라는 말씀을, 저는 10년 동안 사회복지 일을 하면 저절로 전문가가 될 것이라고 이해했습니다. 그런데 10년 차가 되어도 스스로 전문가라는 생각이 들지 않았습니다.

10년 차 사회복지사, 소진이 오다

'왜 나는 10년 동안 사회복지를 했음에도 전문가가 되지 못한 것일까?' 일의 의미를 잃어버린 후 극심한 슬럼프가 찾아왔고, 소진의 신체화 증상으로 불면증과 탈모, 10kg이 넘는 체중 감량으로 사람의 몰골이 아닌 채 1여 년의 시간이 흘렀습니다. 그러다 우연히 참석한 교육에서 "2,000권의 책을 읽으면 머리가 트인다."는 말을 듣고 소진 극복을 위해 '하루 한 권 책 읽기'를 시작했고, '전문가는 소진이 오지 않는다'라는 말을 만나고서야 저의 문제점을 파악할 수 있었습니다. 엑셀로 태교했다고 말할 정도로 워커홀릭처럼 일했던 제가 소진이 온 이유는 소속 기관의 명예와 성과를 위해, 클라이언트의 복지를 위해 열심히 일했지만, 나 스스로 사회복지 전문가로 퍼스널 브랜딩하지 못했기 때문이라는 것을 2017년에야 깨닫게 되었습니다. 3년 동안 하루 한 권 책읽기를 하면서 소진의 이유를 찾은 후 저는 더이상 워커홀릭, 일에 파묻혀 나를 잃어버린 워킹맘, 익명의 사회복지 종사자에 머물지 않고 사회복지 전문가로 퍼스널 브랜딩하기로 결심했습니다.

전문가의 길

퍼스널 브랜딩에 관한 다양한 책을 읽어보니 전문가는 내가 스스로 전문가라고 부른다고 되는 것이 아니라, 다른 사람이 나를 전문가로 불러줘야 비로소 전문가가 될 수 있다는 것을 알게 되었습니다. 제 생각에 전문가로 사람들에게 인식되는 가장 쉬운 방법 2가지는 강의하는 것과 책을 내는 것이었습니다. 먼저 강의에 도전했습니다. 2016년 여러 재단·협회에서 시행하는 강사 양성 과정 교육을 받고 보수교육 강의를 시작했습니다. 첫해 저에게 돌아온 강의 기회는 단 2번, 주제도 제가 원하는 주제가 아니라 보수교육 운영을 위해 필요한 '사회복지 윤리와 철학'이었습니다. 강의는 다른 사람이 불러줘야 하는 것이고, 강의 주제도 내가 하고 싶은 것을 할 수 없다는 것을 알았습니다. 그래도 전문가가 되기 위해서 내부 직원 교육은 물론 사회복지 보수교육, 인권 강사, 학회 사례발표 등 다양한 강의 경험을 쌓았습니다.

책쓰기에 도전하다

좀 더 주체적으로 전문가로 퍼스널 브랜딩하기 위해 책을 써야겠다고 마음을 먹었습니다. 2017년 2월 대학원을 졸업하면서 3월부터 책 쓰기를 위한 공부를 시작했습니다. 책쓰기에 대한 책을 읽었습니다. 작가의 책쓰기 특강을 듣고, 컨설팅을 받아 4월과 5월 2개월 동안 출간기획서와 초고 원고를 집필했습니다. 6월 4일 출판사에 투고했고, 많은 출판사에서 관심을 보였습니다. 6월 30일 다산북스와 계약 후, 그해 9월 18일 저의 첫 책인 『1천 권 독서법』이 나오면서 저는 작가가 되었습니다. 책을 쓰겠다고 마음먹은 지 7개월 만의 일이었습니다.

대형 출판사와 연달아 계약하다

저는 대부분의 책을 사회복지 출판사가 아닌, 일반 출판사에서 발간했습니다. 2017년 『1천 권 독서법』 첫 책과 2019년 『기적을 만드는 엄마의 책공부』 두 번째 책, 2020년 『초등 하루 한 권 책밥 독서법』 세 번째 책까지 연달아 다산북스와 가나출판사 등 대형 출판사와 출판을 하였고, 출판 전문가들의 도움으로 독자에게 많은 사랑을 받는 책이 되었습니다.

2021년에는 『쉽게 배워 바로 쓰는 사회복지 글쓰기』(인간과복지)로 사회복지 책을 처음으로 출판하게 되었습니다. 이 책은 현재까지 6쇄, 1만 2천 권이 팔리는 베스트셀러가 되었습니다. 이후로도 특색 있는 출판사들과 다양한 도서를 발간하였습니다. 2022년 『초등 6년 읽기 쓰기가 공부다』(키출판사), 2022년 『태어나서 죄송합니다』(가디언), 2023년 『나의 마흔에게』(풀빛), 2024년 『나 브랜드 사회복지사』SKKUP, 2024년 『AI 사회복지 글쓰기』(부크크), 2024년 『사람과 사회를 연결하는 사회복지사』(토크쇼), 2025년 『사회복지사는 어때』(토크쇼), 2025년 『사회복지 어휘력 수업』(㈜책글사람), 2025년 『AI와 직장인』(커뮤니케이션북스), 그리고 이 책 『전안나의 책쓰기 수업』까지 매년 책을 내는 다작 작가가 되었습니다.

지금 저는 22년 차 사회복지사이자, 14권의 책을 집필한 베스트셀러 작가, 연 250회 이상 강의를 하는 전문 강사, 사회복지사와 당사자를 작가로 데뷔시켜 드리는 출판사 대표로 사회복지계에 이름이 알려지게 되었습니다.

2. 작가가 되니 좋은 점

"책을 내고 나니 무엇이 좋은가요?"라는 질문을 많이 받습니다. 저는 책을 많이 읽다 보니 책을 쓰고 싶어져서 책을 내게 되었습니다. 그래서 책을 내는 것 자체가 목적이었지 책을 내서 돈을 벌겠다거나 유명해져야겠다는 생각을 못 했었는데 책을 내고 나니 여러 가지 부가적인 효과가 많이 있는 것은 사실입니다.

퍼스널 브랜딩을 만드는 책쓰기

퍼스널 브랜딩은 전문가로 이름이 알려지는 것입니다. 책을 내면 해당 분야의 전문가로 자연스럽게 인정받습니다. 100번 강의하는 것보다, 1권의 책을 냈을 때 사람들은 더 나를 전문가로 인정해 줍니다. 따로 자기 소개를 하지 않아도 책 표지가 나의 자기소개서가 되고, 해당 분야 전문가로 입소문 나게 만드는 홍보가 됩니다.

책을 내면 여러 언론 매체에 노출될 기회가 생깁니다. 고용노동부 복지넷에 직업 전문가로 소개되었고, 유튜브 채널에 사회복지 전문가로 초대되었습니다. 중앙일보, 여성조선, 동아일보에 언론 보도 되었고, 네이버에서 제 이름이 검색되는 인플루언서가 되었습니다. KBS 라디오 생방송과 TBN 라디오에 출연하였고, KBS 아침마당, EBS 다큐프라임에 출연했습니다. 자녀 독서법 책을 2권 내고 난 후에는 모 학습지 회사에서 일반인 모델 제안을 받기도 했습니다.

책 덕분에 버킷리스트도 달성하였는데요, 저는 막연하게 대학에서 강의하고 싶다는 꿈이 있었습니다. 하지만 석사 학위만 있고 연구 실적이 없는 실무자라 기회가 없었지만 『쉽게 배워 바로 쓰는 사회복지 글쓰기』를 내고 나서 강의할 기회가 생겼습니다. 모교 은사님께서 책 낸 것을 보시고 "책을 낼 정도면 전문가네!"라며 '사회복지 글쓰기' 과목을 강의할 기회를 주셨습니다.

저는 기본 성향이 내향적인 사람이라 앞에 나서는 것을 좋아하지 않지만, 도전은 좋아합니다. 책을 내지 않았다면 없었을 소중한 기회가 책 덕분에 오게 되었습니다. 한 번도 상상하지 못한 경험을 책 덕분에 해보았습니다. 책을 내면 여러분은 전문가로 알려지게 되고, 여러분 삶에 다양한 기회가 찾아옵니다.

몸값을 높이는 책쓰기

2017년 책을 낸 해부터 지금까지 인세 수입과 강연료 등으로 연봉

1억을 벌고 있습니다. 출판사와 작가의 책 계약은 보통 5년 단위로 하는데요, 책이 팔리면 5년 동안 인세 수입이 생깁니다. 인세 수입은 많을 수도 있고, 적을 수도 있습니다. 그렇지만 책을 출판하면 5년 동안은 정기적으로 부수입이 생깁니다. 저는 그동안 14권의 책을 냈기에 매년 자동으로 발생하는 부수입이 14개가 있습니다. 요즘 책 판매가 많이 줄어서 작가들이 받는 인세도 예전보다 적어졌지만, 책을 내면 강연 요청이 와서 강연료 수입이 발생합니다.

그런데 책과 강연의 관계는 '뫼비우스의 띠' 같습니다. 책이 잘 팔려야 강의 요청이 많이 오고, 강의 요청이 많이 와야 책이 또 팔립니다. 저는 첫 책이 독서법 책이어서 처음에는 의뢰받은 강의가 성인 독서법이 제일 많았지만 이후 자녀 독서 지도법, 독서 에세이 등의 책을 내면서 자녀 독서 지도법 강의나 인문학 특강 요청이 초중고등학교, 대학교, 기업, 도서관, 문화센터 등에서 많이 옵니다. 현재는 사회복지 책을 다수 발간하면서 사회복지사협회, 복지단체, 재단, 협의회, 개별 복지기관 등에서 사회복지 글쓰기 강의, 책쓰기 강연 의뢰가 많이 옵니다.

예비 작가는 책쓰기 전에 내가 쓰고 싶은 책과 관련된 어떤 강의를 할지 미리 생각해 보세요. 책을 내면 사람들은 여러분이 해당 주제의 전문가라고 생각해서, 책 제목만 보고 강의 의뢰가 오는 경우도 많습니다.

선한 영향력을 발휘하는 책쓰기

책을 내면 작가는 SNS에 검색되는 공인이 됩니다. 따라서 사회적 책임감을 느끼고 좋은 책을 써야 합니다. 제 책의 독자들에게 많은 연락을 받았습니다. 『1천 권 독서법』 책을 읽고 소진을 이겨낼 방법을 찾게 되었다고, 『기적을 만드는 엄마의 책공부』를 읽고 워킹맘으로서 어떻게 경력을 만들어가야 할지 알게 되었다고, 『쉽게 배워 바로 쓰는 사회복지 글쓰기』를 읽고 사회복지 글쓰기에 자신감이 생겼다고, 『태어나서 죄송합니다』를 읽은 독자는 자신도 아동 학대의 아픔이 있는데 참 위로가 되었다고, 『AI 사회복지 글쓰기』를 읽고 글쓰기 신세계를 알게 되어 고맙다고 말씀합니다. 제 책을 돈 주고 사서 읽어준 독자라 작가인 제가 고마워해야 하는데, 오히려 저에게 고맙다고 인사를 합니다.

책을 쓸 때는 내 주변 사람들을 의식하는 분들이 많습니다. 그런데 내 주변 직장동료나 친척, 가족, 친구는 내 책의 독자가 아닙니다. 내 책을 돈 주고 서점에서 구매하는 사람이 진짜 내 책의 독자입니다. 책을 쓸 때는 책을 읽을 '독자'를 제일 먼저 생각하세요. '내 책이 꼭 필요한 독자가 어딘가에서 이 책을 나오기를 간절히 기다리고 있다'고 생각하고 그 독자를 위해서 책을 써야 합니다. 내 책을 읽은 독자에게 이 책이 얼마나 이득이 될까?를 생각하면서 공익을 목적으로 사회적 책임감을 갖고 써야 합니다.

호랑이는 죽어서 가죽을 남기고, 사람은 죽어서 이름을 남긴다고 했지요? 작가는 책을 남깁니다. 제가 태어나서 가장 잘 한 일은 사회복지를 선택한 것이고, 두 번째는 책을 쓴 것입니다. 저는 이전에 지역 단위 사회복지를 실천했던 사회복지사였다면 지금은 책으로 전국 단위 사회복지를 실천하는 사회복지사가 되었다고 생각합니다. 나의 클라이언트는 5,000만 명의 대한민국 국민이고, 나의 사회복지 실천 현장은 전국구, 대한민국 전체라는 마음으로 오늘도 책을 쓰고 있습니다.

3. 작가가 되니 힘든 점

작가가 되니 좋은 점도 있고 나쁜 점도 있습니다. 어떤 점이 나쁠까요?

사람들의 시기 질투

책쓰기가 어렵고 힘든 것이라는 것을 알기 때문에 많은 사람이 출간을 축하해주고, 대견해합니다. 하지만 모든 사람이 그렇지는 않습니다. 시기 질투하는 사람들이 있습니다. 사람들은 자기가 못하는 것을 해내는 사람을 질투하기 때문에, 사람들에게 상처받을 각오를 하셔야 합니다.

'책을 내면 몇 명의 가짜 친구와 몇 명의 진짜 친구가 생긴다'는 말이 있습니다. "책을 내니까 인간관계가 정리되네요."라고 말하는 작가도 있습니다. 책을 냈는데 축하한다는 말을 절대 안 해주는 지인도 있고, 가까운 사이여서 당연히 책을 사줄 거라고 생각했는데 안 그런 지인도 있고, 제가 책을 내고 나니까 저를 멀리하는 지인도 있습니다. 그건 여러분의 잘못이 아닙니다. 그 사람들이 시기 질투하는 거예요. 하지만 사람들의 시기 질투가 두려워서 책을 안 낼 이유는 전혀 없습니다.
친구의 시기 질투가 두려워서 좋은 대학에 붙었는데 안가거나, 이웃의 시기 질투가 두려워서 좋은 곳에 취업이 되었는데 안 가면 바보죠? 그렇습니다. 누가 시기 질투하는 모습을 보면 처음에는 속상하지만, 이제는 '내가 남들이 못하는 걸 해냈구나'라고 자신을 칭찬하면 됩니다. 중요한 것은 남의 의견이 아니라, 나 자신의 미래입니다.

무례한 부탁을 하는 사람들

저는 상대방을 모르는데, 상대방은 제 책을 읽어서 저를 안다고 생각하여 SNS나 이메일로 여러 가지를 요청하는 경우가 있습니다. 당황스러웠던 일은 저보다 나이 많은지 초면에 바로 반말로 이야기를 시작하는 경우가 있었습니다. 처음에는 '내가 원래 알던 사람인가? 누구시지? 내가 기억을 못하는 건가?' 고민을 했지만, 진짜 모르는 분이었습니다.

『쉽게 배워 바로 쓰는 사회복지 글쓰기』 책을 냈더니, 어느 사회복지사가 자신이 작성한 일지를 사진 찍어서 보내면서 슈퍼비전 받을 사람이 없는데 어떻게 써야 하는지 알려달라고 하거나, 갑자기 사업계획서 파일을 보내고 시간 될 때 의견을 달라고 하는 사람이 있습니다. 또 어떤 주제에 대해 글을 써야 하는데 자신이 잘 못쓰니 저에게 대신 써달라는 요청까지 하는 사람도 있습니다. 정식으로 자문을 요청하거나, 원고 의뢰를 하고 정당한 비용을 제시해야 하는데 그렇게 생각하지 않으시는 거죠. 그래서 저는 그렇게 요청하면 거절합니다. 임의로 기관의 서류를 외부인인 저에게 보내면 기관 정보를 유출하신 것이기에 문제가 될 수 있음을 설명해 드리면 화들짝 놀라는 분들이 있습니다. 이후 정식 절차를 알려드립니다. 기관 명의로 자문이나 원고를 의뢰하는 공문을 보내고, 자문 비용을 청구한다고 하면 흐지부지 연락을 끊어버리더라고요.

그 외에도 책을 공짜로 달라는 사람도 많습니다. 저는 모든 책을 상업 출판을 해서 작가인 저도 제 책을 사려면 돈을 주고 사야 하는데, 자비 출판처럼 작가 집에 책이 쌓여 있는 줄 알고 달라고 하는 것이죠. 그래서 상황 설명을 하면 몰랐다고 슬그머니 요청을 철회하기도 합니다.

곧 퇴사할 거라는 오해

책 한 권 썼다고 퇴사하기는 힘들어요. 그런데 첫 책을 내는 순간부터 언제 퇴사할 거냐는 질문을 많이 받아서 곤란했습니다.

2017년 첫 책을 냈습니다. 대형 출판사와 계약하게 돼서 뜻하지 않게 베스트셀러가 되었고, 제 통장에 생각지도 않은 금액의 인세가 들어온 것은 사실입니다. 첫 책이 많이 알려지게 되자 "너 퇴사할 거니? 언제 사회복지 그만둘 거니?"라는 질문을 많이 받았습니다.

그런데 저는 첫 책을 내고 6년을 더 근무했습니다. 제가 근무했던 기관이 좋았고, 제가 하는 일이 좋았기 때문입니다. 저는 퇴사를 하려고 책을 쓴 게 아닙니다. 책을 읽다 보니까 책을 쓰고 싶어서, 제가 하는 일에서 전문가가 되고 싶어서 책을 썼답니다. 첫 책을 내고 6년 뒤에 퇴사한 이유는 책으로 돈을 벌어서가 아니고, 복지관 '부장'은 나 말고 다른 사람도 할 수 있는 역할인데, 사회복지사와 당사자를 작가로 데뷔시키는 일, 책으로 글로 사람을 돕는 일은 나만 할 수 있겠다는 생각에서 퇴사했습니다.

책 한 권 냈다고 퇴사하기 힘든 이유는 Q&A를 참고해주세요.

4. 사회복지사가 책을 써야 하는 이유

사람들이 책을 쓰는 이유는 무엇일까요? 책쓰기 컨설팅을 신청하는 예비 작가에게 왜 책을 써야겠다고 마음먹었는지를 물어보았습니다.

> "책 한 권 써보는 게 버킷리스트예요."
>
> "은퇴를 앞두고 나 자신을 위해 책을 쓰고 싶어요."
>
> "10년 차가 넘어가면서 나의 일을 기록으로 남겨야겠다는 필요성을 느끼게 되었어요. 책쓰기로 내가 하는 일의 의미를 찾고 또 다른 시작을 하고 싶어요."
>
> "주변에 책을 내는 사람들을 보니 저도 쓰고 싶어졌어요."
>
> "박사 딴지 몇 년 됐는데, 다음 자기 계발은 책쓰기인가 싶어요."
>
> "원래 글 쓰는 것을 좋아해서 책을 내보고 싶어요."
>
> "제가 퇴사를 하고 창업이나 프리랜서를 하고 싶은데, 내 이름으로 된 책이 한 권은 있어야 할 것 같아요."
>
> "제가 업무를 할 때 시행착오를 많이 했거든요. 다른 분들에게 노하우를 알려드려서 도움을 드리고 싶어요."
>
> "다년간 근무하면서 내 안에 잠재된 정보들이 있는데요, 글로 정리하면서 성장하고 발전할 것 같아서 책을 써보고 싶어요."

"강의하면서 업무 팁들을 짧게 정리한 자료를 공유해드렸더니 너무 좋아하더라고요, 정리해서 책을 내보고 싶어요."

"은퇴를 앞두고 저의 35년 장애인복지 실천을 정리해보고 싶어요."

"책 1권을 몇 년 전에 썼는데요, 이제 두 번째 책을 써야 할 때가 된 것 같아요."

사람들은 누구나 마음속에 한 권의 책을 쓸 이야기는 품고 살아갑니다. 특히 사회복지사가 책을 써야 하는 이유를 살펴볼까요?

전문가가 되기 위해 책쓰기

전문가로 누군가의 머릿속에 인식되는 가장 쉬운 방법은 책을 쓰는 것입니다. 전문가는 대체 불가능하다는 뜻이 내포되어 있는데요, 여러분의 대체 불가능한 전문성은 무엇인가요?

책을 쓰다 보면 어떤 지식에 대해서 말로는 설명할 수 있는데 글로는 정리가 잘되지 않을 때가 있습니다. 우리 머릿속에 있는 지식은 암묵지여서, 눈에 보이는 형식지로 만들어내는 과정에서 내가 모르는 부분, 정확하지 않은 부분이 드러나게 됩니다. 나의 지식을 글로 정리하다 보면 나의 부족함이 무엇이고, 무엇을 더 공부해야 하는지 알게 됩니다. 우리가 전문가가 되기 위해서는 몸으로 익히고 머리로 아는 지식이 형식지로 드러나야 합니다. 글로 정리하는 과정에서 더 많이 배우고 지식이 정리되는 계기가 됩니다.

여러분이 한 분야에서 10년 이상 일했다면 이미 전문가입니다. 그런데 여러분이 퇴사하면 그 기술과 역량은 전수되지 않고 없어집니다. 기관의 후배에게 나의 기술과 역량을 알려주려고 하면 일을 시키는 것으로 생각하면서 싫어합니다. 그런데 책을 쓰면 내가 직접 만나지 않은 동료와 후배에게도 나의 기술과 지식을 알려줄 수 있습니다. 이들은 기꺼이 돈을 들이고 시간을 내서 내 책을 읽음으로 기술과 역량을 배우고자 하는, 자세도 훌륭한 사회복지사입니다. 책으로 후배를, 제자를 양성하세요. 실력과 내공을 입증하는 길이 예전에는 '고시, 자격증, 학위'였다면 이제는 책 쓰기입니다. 여러분이 전문가로 인식되기 위해서는 책을 써야 합니다. 여러분 업무에 익숙해지셨나요? 지금 편안한가요? 편안함에 머무는 곳에서 성장은 죽습니다. 성장하는 전문가가 되십시오.

평생 직업을 위해 책쓰기

평생직장이 없고, 평생 직업만 있는 시대라고 합니다. 사회복지사도 마찬가지입니다. 특히 사회복지사처럼 이직이 잦고, 최고 관리자가 되면 계약직으로 바뀌는 직종에서 여러분이 스스로 사회복지사로서 계속 살아남기 위해서는 어떻게 해야 할까요? 여러분은 직업인으로 살아남기 위해서 무엇을 준비하고 있나요?
직업 트렌드 전문가들의 공통적인 견해는 점차 모든 직종이 '계약직', '프리랜서'로 변화되어 갈 것이라고 봅니다. 심지어 '대 프리랜서의 시대가 온다'라고 말하는데요, 사회복지직은 이런 변화에서 자유로울까요? 아닙니다. 우리도 사회 변화 속에 있기에 큰 흐름을 벗어나기 어려울 것입니다. '바람이 부는 건 막을 수 없지만, 돛의 방향은 내가 정할 수 있다'라는 말이 있습니다. 사회 변화, 시대 변화의 바람은 막을 수 없습니다. 하지만 내가 익명의 사회복지사 1인으로 남을 것인지, 전문가의 길을 걸을지, 내 돛의 방향은 내가 정할 수 있습니다. 쉬운 길을 선택하면 어렵게 살고, 어려운 길을 선택하면 쉽게 살 수 있습니다.

저는 사회복지 전문 출판사보다 일반 출판사에 출간 시도를 많이 하는 편입니다. 어느 날 아이가 진로 과목 숙제를 해야 해서 직업 소개 책을 같이 읽었습니다. 책날개를 보니 60여 개의 직업 리스트 중에 사회복지사 직업 소개가 없는 것을 보고 다음 날 출판사에 출간기획서를 보냈는데, 흔쾌히 계약하자고 해서 『사람과 사회를 연결하는 사회복지사』, 『사회복지사는 어때』 두 권을 내게 되었습니다. 『AI와 직장인 글쓰기』 책도 해당 출판사의 책을 읽다가 직장인 글쓰기에 관한 책이 없길래 출간기획서를 보냈더니 또 하루 만에 계약하게 되었습니다. 여러분이 알고 있는 사회복지 기본 상식, 대면 서비스 경험, 업무를 위해 받은 법정 필수 교육, 몸으로 부대껴 본 사람 이야기가 일반인들이나, 아동·청소년에게는 전문가급 지식일 수 있습니다. 사회복지 책쓰기는 아직 블루오션입니다. 내가 적극적으로 시도하면 기회가 옵니다.

이미 내부 직원 교육, 신입 직원 교육, 실습 슈퍼바이저, 보수교육 강의를 하는 사회복지사라면 지금 바로 책쓰기를 하세요. 강의를 할 수 있을 정도면 이미 여러분은 전문가입니다. 아무도 우리에게 책을 쓰라고 강요하지 않지만, 여러분도 책을 쓰면 내 삶을 주도적으로 살아가는 전문가가 될 수 있습니다.

아카이브를 위해 책쓰자

해야 할 말을 참을 수 없다면, 해야 할 말이 마음속에 쌓여 있다면, 기록해 둘 필요가 있는 정보가 있다면 책을 써야 합니다. 저는 어린 시절 보육원에서 살다가 양부모에게 입양되었습니다. 그런데 양부모로부터 학대를 심하게 당했습니다. 그 이야기를 담아 『태어나서 죄송합니다』라는 책을 썼습니다. 마음속에서 할 말이 쌓여서 나도 모르게 튀어나왔습니다. 도저히 감춰지지 않고 막히지 않는 욕구 때문에 책을 썼는데, 아동 학대 당사자가 쓴 생생한 이야기라는 이유로 어린이날 100주년 기념으로 제작된 KBS 아침마당에 출연하게 되었고, EBS 다큐프라임에도 당사자로 출연하였습니다. 이렇게 제 이야기를 생생하게 책으로 쓴 경험이 바탕이 되어 다른 당사자가 책 쓰는 것을 도와주게 되었습니다. 제가 출판을 도운 『나는 돌봄하고 있습니다』는 가족 돌봄 청년 당사자 3인이 쓴 생생한 영케어러 이야기이고, 『가출 쫌 해본 이광연』은 가정폭력으로 9살부터 거리에서 살았던 청년의 회복기입니다. 여러분이 하고 싶은 말이 있다면, 책을 쓰세요. 내 책의 첫 번째 독자인 바로 나 자신을 위해서요.

두 번째는 현장의 생생한 이야기를 보존하고 남기는 아카이브를 목적으로 쓰세요. 여러분이 실제 경험한 사회복지 현장의 이야기, 내가 만났던 클라이언트를 여러분 머릿속에만 간직하지 말고 글로 써서 세상에 남겨주세요. 보통 출판 전문가들이 말하길 사람을 상대하는 직업에 종사하는 사람들이 책쓰기에 유리하다고 말합니다. 의사, 변호사, 교사, 심리상담사, 사회복지사는 매일 사람을 만나기 때문에 에피소드와 소재가 많습니다. 매일 일어나는 사건 사고가 다 책이 될 수 있지요. 또 이렇게 사람을 만나는 일은 업무 특성상 글쓰기를 많이 하기에 자신의 이야기를 글로 정리하는 데 익숙해서 다른 직업보다 책쓰기에 유리하다고 합니다. 그래서인지 의사, 변호사, 교사, 심리상담사가 쓴 책이 많이 보입니다.

그런데 이상하게도 사회복지 분야 베스트셀러는 대부분 수험서인데요, 사회복지 분야 베스트셀러에 우리 실무자들이 쓴 생생한 날 것 그대로의 책들이 많아지길 희망합니다. 기관 사례집으로 비싸고 이쁘게 만들어서 우리끼리 읽고 기념하는 비매품으로 남겨두지 마세요. 그 비용이면 누구나 온라인 서점에서 구매해서 읽을 수 있도록 출판할 수 있어요. 사회복지 현장의 이야기가 더 많이 출판되기를 바랍니다.

저는 사회복지사와 당사자 222명과 비매품 책쓰기 수업을 진행했고, 2024년부터는 사회복지사와 당사자 50여 명과 책쓰기 수업으로 그들의 원고를 책으로 탄생시켰습니다. 제가 출판을 도운 『정신 재활 시설, 이렇게 일합니다』는 정신재활시설에서 일하는 사회복지사가 쓴 실천 기록이고, 『우리가 만난 청소년에 대하여』는 거리에서 15년간 위기청소년을 만난 거리 상담사의 15년의 업무 비결이 담긴 사례관리 실천 기록서입니다. 『사회복지사여 회계하라』는 회계·행정 지원 사회복지사의 업무 노하우가 담긴 실용서이고, 『어서와, 센터장은 처음이지?』는 소규모 시설장을 위한 업무 노트입니다. 이런 책은 모두 온라인 서점에서 구매가 가능합니다.

여러분이 일하는 현장의 생생한 이야기와 실천이 더 많은 사람에게 소중한 자료가 되도록 꼭 책으로 남겨주세요. 우리가 써야 하는 책은 화려한 기교로 쓰는 것이 아니라, 내면의 신념과 전문가로서의 실천이 담긴 진솔한 글이 좋은 책이 될 것입니다. 여러분의 이야기도 책이 될 수 있습니다.

5. 작가 사회복지사 10명 인터뷰

사회복지사 중에 책을 낸 작가들이 많습니다. 여러분보다 먼저 책을 쓴 작가 사회복지사에게 책을 왜 쓰게 되었는지, 어떻게 책 쓰는 방법을 배웠는지, 어떤 방법으로 책을 내게 되었는지, 책을 쓰고 달라진 점이 무엇인지 인터뷰를 진행했습니다.

가장 최근에 첫 책을 쓴 초보 작가부터 가장 오래된 원로 작가 순서로, 상업 출판과 자비 출판과 독립 출판, 사회복지 서적과 일반 대중서, 아동 문학, 전자책, 발달장애인 당사자와 함께 쓴 책 등 다양한 이력과 경력을 가진 사회복지사입니다. 작가들의 나이도 30대부터 60대까지 다양하답니다.

공저만 쓴 분은 제외하고, 비매품만 쓴 분도 제외하고, 수험서만 쓴 분도 제외하고, 교과서만 쓴 분도 제외하고, 서점에서 판매되는 단독 저서 단행본을 출판한 작가 위주로 선정하였습니다.

인터뷰 시작합니다.

전종수 작가 사회복지사

책쓰기 컨설팅을 받고 크라우드 펀딩으로 첫 번째 개인 저서를 출간

전안나: 첫 책을 집필하셨지요? 자기소개와 책을 소개해 주세요.

전종수: 위기청소년의 삶의 자립을 돕는 사회복지사 전종수입니다. 청소년쉼터에서 위기청소년 거리 상담을 15년 동안 해본 경험을 담아 『우리가 만난 청소년에 대하여』(책글사람, 2025)를 집필했습니다. 현재는 '유스트로우' 공동대표로 일하고 있습니다.

전안나: 첫 책을 왜 쓰게 되었나요?

전종수: 오랜 시간 위기청소년을 돕는 일을 하면서, 제도권 밖에서 위기청소년의 삶의 자립을 어떻게 도울지 고민하게 되었고, 그 일을 실천하기 위해 퇴사 후 유스트로우를 창업하였습니다. 프리랜서로 첫발을 내디디며 내가 제일 잘 알고, 사랑하는 것을 책으로 쓰려고 마음먹었습니다. 2021년에 비매품 업무 매뉴얼 주 집필진으로 참여해 본 적이 있지만, 판매용 도서는 좀 다른 것 같았어요. 어떻게 책을 쓰는지 몰라서 막막했는데 페이스북 친구인 전안나 작가에게 DM을 보내서 미팅했습니다. 미팅 이후 바로 책쓰기에 들어갔고, 6개월 만인 2025년 1월에 크라우드 펀딩으로 책 제작비를 모금하여 책을 냈습니다.

전안나: 나만의 책쓰기 노하우를 알려주세요.

전종수: 책 쓰기 전 전안나 작가에게 책쓰기 컨설팅을 요청했는데요, 덕분에 한 번에 책쓰기에 성공할 수 있었습니다. 원고를 쓰면서 중간중간 내가 지금 맞게 쓰는 건지 의문이 들 때 물어볼 사람이 있다는 점이 마음에 힘이 되었습니다. 실제 책을 쓸 때는 하루도 빼먹지 않고 매일 원고를 쓰는 것이 중요하다고 생각합니다. 시간이 없을 때는 하루 30분, 시간이 있는 날은 3~4시간씩 꾸준히 썼습니다. 집에서도, 사무실에서도, 키즈카페에서도 썼습니다. 때와 장소를 가리지 않고 원고를 썼습니다. A4 100매를 다 쓰고나서 고치면 된다는 말을 떠올리며 일단 썼습니다.

전안나: 책쓰기를 고민하는 사회복지사에게 한 말씀 부탁드려요.

전종수: 책쓰기를 망설이지 말았으면 좋겠습니다. 직업인 사회복지사로 살 것인지, 전문가인 사회복지사로 살 것인지, 내가 꿈꾸는 사회복지사로 어떤 삶을 살고 싶은지 결정했다면 망설이지 말고, 책쓰기에 도전해 보세요. 글을 쓰는 주제는 내가 가장 사랑하는 것으로 정하면 좋을 것 같아요. 생각만 해도 설레고, 좋아하고, 더 잘하고 싶은 주제요. 저는 그 주제가 삶의 자립을 준비하는 청소년과 청년이었습니다. 책을 한 권 써보니 방법을 알게 된 것 같아요. 그래서 다음에는 삶의 자립을 준비하는 청소년, 청년들과 그들을 돕는 사람들의 좌충우돌 성장기를 담은 에세이 책을 써보려고 합니다.

고라해 작가 사회복지사

독립 출판사를 창업하여 에세이 작가로 데뷔

전안나: 첫 책을 집필하셨죠? 자기소개와 책을 소개해 주세요.

고라해: 깊은 바닷속 숨겨진 당신의 고유한 이야기를 윤슬처럼 빛나게 만드는 사회복지사 고라해입니다. 노인복지관, 노인복지센터,사회서비스원 경력이 7년 정도 있고, 현재 고유의바다 출판사 대표입니다. 이공계 연구원으로 알츠하이머를 연구하다가 사회복지사의 길을 걷게 되며 길을 잃은 시간과 다시 방향을 찾은 이야기가 담겨 있는 직업 에세이 『과학을 좋아하고요 그런데 사람을 좋아합니다』(고유의바다, 2024)를 집필했습니다.

전안나: 글쓰기, 책쓰기, 책제작 등을 다양하게 배웠다고 들었는데요, 어디서 어떻게 배웠는지 궁금합니다.

고라해: 2017년 책을 쓰고 싶어서 책쓰기 학원에 등록했는데요, 제가 쓰고 싶은 책이 아니라 출판 추세에 따라 책을 쓰도록 유도해서 포기했습니다. 그 과정에서 내가 에세이를 쓰고 싶어 한다는 것을 알게 되었습니다. 언젠가 책을 내고는 싶지만 가능할까? 라는 마음으로 책쓰기 전에 글쓰기를 먼저 해보았습니다. 사회복지사로 일하면서 자원봉사로 구술 작가로도 활동했었고, 노인복지센터에서는 자서전 프로젝트를 진행하면서 오랜 시간 책쓰기를 준비하였습

니다. 에세이 전문 작가의 강의를 들으며 글쓰기와 합평을 2년 정도 해보았고, 독립 출판 강의도 듣고, 한겨레 출판학교에서 출판사 편집자 교육과정도 들으면서 디자인프로그램으로 내지 편집과 표지 디자인, 타이포그래피 강의와 인쇄 제작에 관한 수업도 수강하면서 책 만들기 전반에 대한 이해가 생겼습니다.

전안나: 독립 출판사 창업을 한 이유가 있나요?
고라해: 제가 하고 싶은 이야기는 상업 출판으로는 어려울 거 같다는 생각이 들었는데 독립 출판을 알게 되었습니다. 세상에는 정말 여러 이야기가 있고 표현하는 방식이 다양한데, 저에게는 독립 출판이 너무 매력적으로 보였습니다. 마침, 퇴사 후 휴식기에 모 대학교에서 청년 사업으로 독립 출판 지원사업에 선정되면서 출판사를 창업하게 되었습니다.

전안나: 책을 쓸 때 필요한 자세는 무엇이라고 생각하시나요?
고라해: 책을 쓰기로 마음먹은 지 8년 만에 첫 책이 나왔습니다. 마지막까지 내가 과연 쓸 자격이 있을까? 글이 엉망이면 어쩌나? 하는 두려움이 있었습니다. 하지만 독자는 잘 쓴 글보다 조금은 거칠어도 솔직하고 자기다운 이야기를 원합니다. 그래서 '일단 쓰시라'라고 말하고 싶어요. 내 경험을 나누는 일이 누군가에게 위로와 용기를 주더라고요. 내가 겪은 이야기와 고민도 누군가에게는 분명 의미가 있을 수 있다는 믿음을 가지고 쓰세요.

김혜영 작가 사회복지사

'동화 같은 표현과 아이의 시선' 재능을 살려 아동 문학 작가로 데뷔

전안나: 집필한 책과 자기소개를 해주세요.

김혜영: 아동 문학으로 함께 성장하는 사회복지사 김혜영입니다. 장애인복지, 아동복지 11년 차로 현직 지역아동센터 사회복지사입니다. 자폐 스펙트럼 동생과 비장애 누나의 이야기를 담은 창작 동화인 『내 동생 입학 도전기』(파란 자전거, 2022)와 지역아동센터 실습을 위한 실용서 『사회복지 현장실습 슈퍼바이저가 경험한 지역아동센터 5대 영역』(크몽 전자책, 2023) 단독 저서 2권을 집필했습니다. 첫 책인 『내 동생 입학 도전기』가 한국문화예술위원회의 아르코 문학 나눔 도서에 선정되었습니다.

전안나: 창작 동화를 집필하게 된 계기가 궁금해요.

김혜영: 책을 집필하게 된 계기는 『메밀꽃 필 무렵』을 쓴 이효석 작가를 모티브로 한 봉평 메밀꽃 축제를 갔을 때 나도 책을 써서 누군가의 마음에 오랫동안 기억되고 싶은 마음이 생겼습니다. 평소에 책을 좋아해서 늘 가까이에 두고 읽는데요, 막상 책을 쓰려니 어떤 책을 써야 할지 고민이 되었습니다. 그때 주변 지인들이 저에게 동화 같은 표현이나 아이의 시선이 있다고 종종 말해주셔서 동화를 쓰기로 결심했습니다.

전안나: 아동 문학 책쓰기 노하우가 궁금해요.

김혜영: 이야기를 구성할 때 평소에 메모해 두었던 에피소드나 특정 단어와 공유하고 싶은 주제를 맥락 없이 연결해요. 예를 들어 화장실에서 좋은 아이디어가 자주 떠오르는 상황을 기록했다면, 화장실과 돈이 결합하면 어떤 이야기가 나올지 상상하는 거죠. 전혀 관련 없을 것 같지만, 막상 두 가지를 놓고 고민하다 보면 새로운 세상이 펼쳐져요. 창작 동화 쓰는 방법은 한겨레 교육 강좌에서 배웠습니다.

전안나: 다음 집필 계획이 있나요?

김혜영: 제가 만나는 지역아동센터 아이들에게 책으로 즐거움과 건강한 마음을 갖게 해주고 싶어요. 아이들이 좀 더 안전한 세상에 살기를 바라는 마음과 동시에 모든 사람이 살기 좋은 세상을 만드는 데 이바지하고 싶습니다. 그런 의미에서 기후 위기에 관심이 많은데요, 기후 위기 관련 에피소드를 활용하여 어린이 환경 동화 또는 판타지 동화를 쓰려고 합니다.

전안나: 책쓰기를 망설이는 사회복지사에게..

김혜영: 누구에게나 한 권 분량의 이야기가 있어요. 어느 부분을 어떻게 풀어내고, 어떤 감정을 느낄지는 첫 문장부터 세 줄까지 쓰는 순간 '책 쓰기 시작하길 잘했다'를 경험할 거에요.

정현숙 작가 사회복지사

사회복지 실천기술을 적용하여 자녀 교육서를 집필하여 작가로 데뷔

전안나: 자기소개와 집필한 책을 소개해 주세요.

정현숙: 글로 세상과 소통하는 사회복지사, 21년 차 종합사회복지관 부장 정현숙입니다. 사회복지 실천기술을 바탕으로 자녀 교육서 『아들에게는 아들의 속도가 있습니다』(월요일의꿈, 2022)를 출간했고, 지금 두 번째 책을 집필하고 있습니다.

전안나: 책을 왜 쓰게 되었나요?

정현숙: 사회복지사로 20년간 일을 하며 소진이 오고, 자존감이 끝없이 낮아지는 순간이 있었습니다. 그 순간 나는 마음먹으면 해낼 수 있는 사람이라는 것을 스스로 증명하고 싶어 책쓰기를 시작했습니다. 이왕이면 사회복지를 대중에게 쉽게 알리고 싶어 자녀 교육서이지만, 사회복지 실천 기술인 라포 형성과 공감, 경청 등 상담 기법 등을 알기 쉽게 녹여서 설명하였습니다.

전안나: 책쓰기 노하우를 소개해 주세요.

정현숙: 책의 주제를 찾는 것은 '나'로부터 시작합니다. 나의 내면으로 깊이 들어가는 경험이 필요합니다. 나의 강점, 약점, 경험, 지식, 역량 등 내가 가진 것과 나의 경험, 생각에서 주제와 소재를 찾는

것이 제일 좋습니다. 제가 자녀 교육서를 쓰게 된 것은 아들과 대화가 힘들어서였습니다. 다양한 자녀 교육서를 읽다 보니 내가 사회복지사로 업무에서 쓰던 상담 기법을 활용해 보면 어떨까? 라고 생각하게 되었고, 자녀에게 적용해 보니 효과가 있어서 실제 사례를 넣어서 책을 집필하였습니다. 주제를 멀리서 찾지 마세요.

전안나: 책을 쓰고 달라진 점은 무엇인가요?

정현숙: 자신감이 생겨서 할 수 있는 게 많아졌습니다. 새로운 도전을 두려워하지 않게 되었고, 어렵고 새로운 일에 직면하더라도 전보다 쉽게 시작할 수 있게 되었어요. 책을 쓰니 강연 의뢰가 왔고, 강연을 통해 다양한 사람을 만납니다. 작가라는 타이틀이 생기자 예전에는 만날 기회조차 없었던 분야의 전문가들을 만나 교류하게 됐습니다.

전안나: 예비 작가에게 한 말씀 부탁드려요.

정현숙: 책쓰기는 누구나 할 수 있습니다. 하지만 아무나 할 수는 없습니다. 책을 쓰는 일은 개인의 시간을 양보하고, 잠을 포기하고, 머리 터지게 고민해야 하고, 어렵고, 힘듭니다. 그렇지만 그만큼 성장합니다. 세상을 바라보는 눈이 바뀌고, 세상이 나를 바라보는 눈이 바뀝니다. 혼자 하기 힘들다면 전문가의 도움을 받으세요.

백순심 작가 사회복지사

비장애인 중심의 사회를 비판하는 글을 카페에 연재하다 작가까지

전안나: 자기소개와 집필한 책을 소개해 주세요.

백순심: 글쓰기를 통해 비장애인 중심의 사회 구조를 비판하며 『불편하지만 사는 데 지장 없습니다』(설렘, 2021), 『불편하게 사는 게 당연하진 않습니다』(설렘, 2023), 『불편하지만 아이 키우는 데 문제없습니다』(설렘, 2024), 『좀 놀면 안 돼요?』(자상한시간, 2024) 4권의 에세이를 출간하였습니다. 2022년 롯데출판문화대상 본상을 수상하였고, 문학나눔도서보급사업 수필 부문과 오디오북 지원사업에 3년 연속 선정되었습니다. 개정판으로 『불편하지만 웃으며 살아갑니다』(설렘, 2025)도 나왔습니다.

전안나: 책을 왜 쓰게 되었나요?

백순심: 저는 뇌병변장애인 당사자이고, 쌍둥이 엄마이고, 21년간 사회복지사로 근무한 워킹맘 사회복지사입니다. 궁극적인 목적은 비장애인 중심의 사회 구조를 비판하고자 하는데요, 처음 계기는 독서였습니다. 다양한 책을 계속 읽다 보니 나의 이야기를 쓰고 싶었어요. '엄마의 꿈방' 네이버 카페 이벤트로 엄마 작가를 모집한다는 글을 보고 기획서를 제출했고 1년간 카페에 연재할 기회가 있었습니다. 제 글을 읽은 카페 회원들이 책으로 내도 괜찮겠다는 의견

에 용기를 내어 출판사 문을 두드리게 되었습니다.

전안나: 나만의 책쓰기 노하우를 소개해주세요.

백순심: 일상 속에서 계속 머리로 생각하고 쓰고 여러 차례 수정합니다. 어떤 생각이나 느낌을 제 개인 블로그에 비공개로 씁니다. 그 후 쓴 내용을 곱씹어 생각하고 또 생각해서 수정합니다. 사람들의 반응을 보기 위해 브런치나 블로그에 글을 발행하거나, 오마이 뉴스에 기고합니다.

전안나: 책을 쓰고 달라진 점은 무엇인가요?

백순심: 활동 범위가 달라졌습니다. 21년간 사회복지 현장에만 있다가 책을 출간 후에는 라디오 출연, 칼럼 의뢰, 강의 요청이 오기 시작했습니다. 사회복지기관만 나의 길이 아니라 다른 길도 있다는 것을 알게 되었습니다. 지금은 프리랜서로서 전업 작가, 글쓰기 수업 강사, 장애인식 개선 강사로 활동하고 있습니다.

전안나: 책쓰기를 망설이는 사회복지사에게 한 말씀 부탁드려요.

백순심: 첫 문장을 쓰는 당신은 이미 작가로 출발한 신호입니다. 책은 글을 잘 쓰는 사람보다는 자신만의 콘텐츠가 있고 진실하게 글을 쓴다면 누구나 책 쓰기를 할 수 있습니다. 책쓰기는 재능이 아닙니다. 포기하지 않는 마음만 있으면 가능합니다. 포기하지 마세요.

김영아 작가 사회복지사

시를 필사하다 발달장애인 이야기를 공유하고 싶어 글을 쓰기 시작

전안나: 자기소개와 어떤 책을 집필하셨는지 소개해 주세요.

김영아: 발달장애인과 세상을 글로 연결하는 24년 차 재활 상담사, 발달장애인 엔딩커뮤니티 다다르다 대표로 근무하고 있습니다. 제가 만나는 발달장애인 당사자분들이 제 책을 함께 읽는다는 전제로 책을 쓰는데요, 20년간 발달장애인들과 함께한 현장 이야기를 모은 『선물합니다. 실패할 권리』(지식과감성, 2021), 김유리 발달장애인 당사자 작가와 함께 『너와 함께라면』(지식과감성, 2023) 공저, 발달장애인 리더를 인터뷰한 『리더의 탄생』(지식과감성, 2025)으로 단독 저서 2권, 공동 저서 1권을 집필했습니다.

전안나: 책을 왜 쓰게 되었나요?

김영아: 코로나 기간에 매일 1편씩 시를 필사하는 모임에 참여했는데, 따라 쓰다 보니 내 글이 쓰고 싶어졌어요. 마침, 근속 만 20년이 되던 해에 스스로 20주년 기념으로 내 이야기를 써볼까? 하는 마음이 꿈틀댔죠. 저는 하고픈 게 생기면 별생각 없이 일 벌이고 보는 성격이에요. 시작하면 어떻게든 되겠거니 하는 마음으로 제 이야기를 글로 쓰기 시작했고, 자비 출판이라는 방법을 알게 되어 책을 내게 되었습니다.

전안나: 추진력이 대단하신데요, 책쓰기 노하우를 알려주세요.

김영아: 별다른 노하우는 없어요. 글쓰기 수업을 들어본 적도 없고요. 다만, 내가 세상에 말하고 싶은 메시지가 무엇인가? 이 책을 누가 읽기를 원하는가? 이 두 가지가 책의 핵심으로 보고 선명하게 기획합니다. 제 책은 발달장애인들이 읽는다는 전제로 집필하기에, 간결하고 쉬운 용어와 표현으로 써요. 그래서 쓰는 건 오히려 힘이 덜 들어가는 것 같아요. 정리하자면 저만의 책쓰기 노하우는 '선택과 집중 전략'인 것 같네요.

전안나: 당사자와 책을 쓴 것이 실천에 미친 영향이 궁금해요.

김영아: 책을 쓰면서 발달장애인과 함께 할 수 있는 고유한 역할, 저만 할 수 있는 전문 영역을 만들게 되었습니다. 두 번째 책은 발달장애인 작가와 함께 집필한 책이고, 세 번째 책은 발달장애인 리더를 인터뷰하고 팔로워로서 제 이야기를 함께 담았습니다. 제 책을 접한 당사자분들께서 자신도 책을 내고 싶다며, 용기를 내는 모습을 보면서 함께 책 내기를 잘했다고 생각하게 됐어요.

전안나: 예비 작가에게 하고 싶은 말이 있을까요?

김영아: 책쓰기에 조용히 관심 두는 분들께 딱 한 말씀만 드려요 "책쓰기는 누구나 할 수 있는 일입니다!" 책을 내고 작가가 된 분들은 재능이 뛰어나서가 아니라, 그저 용기를 조금 빨리 낸 것뿐입니다. 현장에서 우리가 겪는 모든 순간은 책이 될 수 있어요!

강원남 작가 사회복지사

SNS에 올린 글을 본 출판사의 제안을 받아 정식 책을 출간

전안나: 자기소개와 집필한 책을 소개해 주세요.

강원남: 노인복지관, 프리랜서 경력 17년 차 사회복지사로 현재 '행복한 죽음 웰다잉 연구소' 소장으로 일하고 있습니다. 6권 책을 냈고, 주로 웰다잉을 주제로 책을 쓰고 있습니다. 『누구나 죽음은 처음입니다』(메이드인, 2020), 『괜찮아 어차피 다 죽어』(메이드인, 2023), 『웰다잉 강의 잘하는 법』(마인드빌딩, 2025) 3권의 단독 저서를 썼고, 『이야기, 우리가 살아가는 힘』(박문사, 2021), 『생사학 워크북 1』(솔트앤씨드, 2023), 『나 브랜드 사회복지사』(SKKUP, 2024) 3권의 공동 저서를 집필했습니다. 에세이, 자기계발서, 실용서 분야 책입니다.

전안나: 처음 책을 왜 쓰게 되었나요?

강원남: 학창 시절부터 글쓰기를 좋아했습니다. 책을 쓰는 것이 버킷리스트 중 하나였는데요, 10년 전부터 프리랜서 강사로 활동하며 나의 브랜드를 알리는 것이 필요하다고 느꼈습니다. 활동했던 내용과 생각을 사람들에게 조금 더 많이 전하고 싶어서 페이스북에 글을 올렸는데, 제 글을 본 출판사에서 책을 내자고 먼저 연락이 와서 첫 책을 쓰게 되었습니다.

전안나: 책쓰기에 가장 도움이 된 것은 무엇인가요?

강원남: 많이 쓴 것이 가장 도움이 되었습니다. 글을 잘 써야 한다는 욕심을 버리고 무작정 쓰기 시작했습니다. 부담 갖지 않고, 겁먹지 않고, 꾸준히 쓰는 버릇을 들였습니다. 첫 원고는 마음에 들지 않습니다. 읽어보면 어색합니다. 대작가가 아닌 이상, 한 번에 좋은 글이 나오지 않습니다. 헤밍웨이는 "모든 초고는 걸레다."라고 말했습니다. 자신의 글을 여러 번 읽고 수정하는 과정에서 좋은 글이 탄생합니다.

전안나: 나만의 책쓰기 노하우를 소개해 주세요.

강원남: 처음부터 제대로 글을 써야겠다고 다짐하면 금방 지치고 막혀서 헤매게 됩니다. 저는 책을 쓸 때 생각나는 대로 씁니다. 내가 말하고 싶은 부분을 먼저 쓰고, 관련된 에피소드나 이론들을 나중에 보강합니다. 일상에서 틈틈이 떠오르는 생각들은 스마트폰 메모장에 적어놓거나 녹음해서 원고로 옮기기도 합니다.

전안나: 책 쓰기를 망설이는 사회복지사에게...

강원남: 10년째 웰다잉 강의를 하면서 어디를 가든 독자를 만나게 됩니다. 책을 통해 웰다잉의 중요성을 알게 되었다고 고마움을 표현하고, 책을 읽고 대학원을 진학한 분도 있고, 강의 의뢰를 하는 분도 있습니다. 1인 연구소이지만 제 책들이 동료가 되어 같이 활동을 해주고 있습니다. 책쓰기로 동료를 만드세요.

승근배 작가 사회복지사

조직의 자유에 관한 이야기를 참을 수 없어 글을 쓰고 책을 냄

전안나: 자기소개와 집필한 책을 소개해 주세요.

승근배: 사람을 사람답게 살게 하는 사회복지사, 20년간 장애인복지와 노인복지 분야에서 재직한 노인요양원 원장 승근배입니다. 사람과 조직이 더 건강하고 더 행복하고 더 일을 잘할 수 있는 조직문화를 만들기 위해 『복지 현장 조직혁신』(인간과복지, 2019), 『당신의 조직은 정의로운가』(파지트, 2020), 『인정조직』(인간과복지, 2022) 3권의 실용서를 출간했습니다.

전안나: 책을 왜 쓰게 되었나요?

승근배: 마더 테레사는 "자기 안에 소중하게 담은 것을 이야기할 수밖에 없다."고 했습니다. 제가 말하고 싶은 것은 조직의 자유입니다. 말하지 않으면 나눌 수 없고, 의견을 나누지 못하면 진전될 수 없으니 비록 설익은 생각이었지만 말해서 생각을 키우고 싶었습니다. 글을 쓰게 되면 기록되게 되고, 그 기록이 전해질 수 있으니 유익하고, 글로 기록되면 다시 꺼내어 생각을 보강할 수 있고, 저의 다짐을 확고히 할 수 있는 유익이 있습니다.

전안나: 나만의 책쓰기 노하우를 소개해 주세요.

승근배: 따로 글쓰기나 책쓰기를 배워본 적이 없는데요, 저의 글쓰기 노하우는 끊임없이 계속 쓰고, 고치고, 비판받고 그래도 또 쓰는 것입니다. 처음 글을 쓴 20대 청년 시절부터 지금까지 쉬지 않고 쓰고 있습니다. 그 과정에서 글에 대한 비판을 받고, 고치고, 또 비판받고 다시 고치면서 끊임없이 쓰고 있습니다.

전안나: 책을 쓰기 전과 쓰고나서 달라진 점은 무엇인가요?

승근배: 삶의 여러 문제는 파편화되어 있는데요, 글을 쓰다 보면 흩어져 있는 여러 문제와 생각들이 정리됩니다. 좀 더 넓은 관점으로 구조화하면서 그 과정에서 해결하지 못하는 것은 다른 사람들이 쓴 책을 찾아 읽으며 배우게 됩니다. 책쓰기를 통해서 생각을 정리하게 되고, 부족함을 알게 되어, 공부하게 되고, 다시 책으로 써서 다른 사람과 나눈다는 점이 제일 달라진 점입니다.

전안나: 책쓰기를 망설이는 사회복지사에게 한말씀해 주세요.

승근배: 정말 하고 싶은 말이 무엇인지 찾는 것이 중요합니다. 내가 말하고 싶은 주제가 책으로 쓸 만큼 풍부한지 객관적으로 돌아보고, 부족하다고 생각하면 책도 찾고, 생각도 더 하고, 사람들과 이야기도 나눠보고 실제 사례도 찾아보며 공부하면 됩니다. 치열하게 고민하고 부딪혀보고 많이 실패도 하는 경험을 통해 정말이지 꼭 말하고 싶은 말을 발견하기를 응원합니다.

우수명 작가 사회복지사

사회조사분석을 공유 학습하면서 책으로 지평을 넓힌 지식인

전안나: 자기소개와 집필한 책을 소개해 주세요.

우수명: 사회복지사의 전문성 향상을 지원하는 HS리서치센터의 소장 우수명입니다. 1995년부터 청소년재단과 복지관 실무자, 대학 교수로 근무하면서 단독 저서와 공동 저서로 11권의 책을 집필했는데요, 개정판을 포함하면 총 34권을 출판하였습니다.

전안나: 34권 중 첫 책을 집필하게 된 계기가 무엇인가요?

우수명: 군 제대 후, 복지관에서 자원봉사를 하면서 처음 도스용 SPSS를 접하면서 관심을 갖고 사용했습니다. 1995년 첫 직장인 청소년재단에 입사해 SPSS로 폭력 실태를 조사 분석하는 저의 모습을 본, 다른 기관장의 요청으로 6개월 차 신입 직원이 선배들에게 '사회복지사를 위한 통계강의'를 하게 되었습니다. 당시에는 윈도우용 SPSS 교재가 없어 한글 파일에 텍스트 글자와 부호로 경로를 표기해서 교안으로 사용했는데, 2~3년간 강의 요청이 계속 이어지면서 자체 교재를 만들었습니다. 교재를 본 모교 교수님이 정식 출판을 제안해 주시어, 4년 차 사회복지사 시절에 『마우스로 잡는 SPSS 8.0』(인간과복지, 1999)을 처음 저술했습니다.

전안나: 책 쓰는 방법은 어디서 어떻게 습득하셨나요?

우수명: 따로 배운 적은 없습니다. 그 당시에는 지금 같은 출판 개념이 없어서, A4 5장 정도 되는 자료를 출력해서 사용하다가, 화면 캡쳐와 추가 설명을 더하고, 수강생의 불만들을 보완하다 보니 시행착오를 통한 성장이, 자연스럽게 책으로 진화했습니다. 이때, 수많은 양서가 있던 교보문고가 큰 도움이 되었습니다.

전안나: 책을 쓰고나서 생긴 제일 큰 변화는 무엇인가요?

우수명: 인생이 바뀌었죠. 1999년 책을 낸 후 많은 대학에서 강의 요청이 왔는데, 안타깝게도 학부 졸업장밖에 없는 실무자였습니다. SPSS 강의는 여전히 인기가 많았고, 대학 강의에 대한 호기심이 생겼습니다. 학위라는 자격증을 따야겠다는 생각에 석사과정에 입학했는데, 석사 입학한 해인 2000년부터 2개 대학 학부 강의를 하게 되었습니다. 자연스럽게 박사 공부를 하게 되었고 직업이 교수로 바뀌게 되었습니다.

전안나: 책쓰기를 망설이는 사회복지사에게

우수명: 책쓰기는 불완전한 내 경험의 기록이자 발전의 토대라고 생각합니다. 불완전성을 드러내어 완성으로 한 발자국 더 가까이 다가가는 것입니다. 잘 쓰기보다, 일단 쓰고 나서 개정하며 발전하자는 관점으로 시작하세요. 불완전한 지금의 내 모습을 사랑하고, 당당하게 드러내고, 사유하는 사회복지사가 되길 바랍니다.

이용교 작가 사회복지사

적자생존으로 32년 동안 200여 권을 집필한 연구자

전안나: 자기소개와 첫 책을 왜 쓰게 되었는지 알려주세요.

이용교: 사람을 넘어 세상을 바꾸는 사회복지사를 꿈꾸는 복지 평론가, 사회복지학과 교수 이용교입니다. 제가 쓴 최초 단행본은 『한국 청소년복지의 현실과 대안』(은평천사원출판부, 1993)으로 우리나라 최초 청소년복지학 책이었습니다. 30대 초반 연구자가 한국 청소년복지를 진단하고 실용적인 정책을 제시하고자 11편의 논문을 바탕으로 집필하였습니다.

전안나: 집필한 200여 권의 책 중 한 권만 소개해 주세요.

이용교: 『알아야 챙기는 복지상식』(인간과복지, 2018)은 2014년부터 지역신문에 매주 한편씩 쓴 '이용교 교수 복지상식' 중 선별하여 만든 단행본입니다. 한 해 동안 쓴 글을 엮어서 매년 단행본을 냈고, 개정판으로 10권 이상을 출간하였습니다. 이 책은 시민이 꼭 알아야 할 복지 상식을 정리한 책인데요, 이 책으로 말미암아 '복지 상식'은 일반 상식, 시사상식과 같은 반열의 낱말이 되었습니다. 또 이 책은 출판사의 협조로 전년도 원고는 파일로 사회복지사들, 일반 시민들과 공유하며 '복지 상식' 대중화를 위해 노력하고 있습니다.

전안나: 200권이나 다작을 한 힘은 어디서 나오는 걸까요?

이용교: 적자생존 즉, “적어야 산다”는 심정으로 연구하고 실천한 것을 늘 기록하고 논문 작성과 발표, 신문 기고, 단행본 발간과 함께 강연, 방송 출연 등으로 공유하였습니다. 늘 기록하고 다양한 방법으로 공유하다 보니 200여 권의 책을 만들고 판매하는 것이 쉬웠습니다.

전안나: 책쓰기 노하우가 궁금해요.

이용교: 저는 글을 쓰기 전에 목차를 만들고 각 꼭지를 어떻게 쓸 것인지에 대해 구상한 후에 마음이 가는 것부터 쓸 것을 권고합니다. 어느 정도 쓴 후에 부족한 부분을 보충하면 됩니다. 일단 책으로 출판하고 혹 부족한 부분이 있으면 개정판에 반영하면 됩니다. 나의 지식을 사회복지사, 일반 시민들에게 알리고 전파한다는 마음으로 오늘부터 쓰면 됩니다.

전안나: 예비 작가에게 한 말씀 부탁드려요.

이용교: 책을 쓰는 것은 ‘벽돌을 만드는 것과 같다’고 말합니다. 책을 쓰는 것을 ‘거창한 집을 짓는 것’이라고 생각하면 설계도를 뽑느라 시간을 보내고 막상 집을 짓지 못할 수도 있습니다. 책 한 권을 쓰는 것은 벽돌을 만드는 것이고, 많은 벽돌이 만들어야 그것을 모아서 좋은 집을 지을 수 있습니다. 일단 적으세요.

인터뷰를 마무리하며

지금까지 10명의 작가 사회복지사가 책을 왜 쓰고, 어떻게 썼는지, 책을 쓴 것이 실천에 미친 영향이 무엇인지 살펴보았습니다. 책을 써야지 결심하고 3개월 만에 책을 낸 작가도 있고, 8년 만에 책을 낸 작가도 있고, 1권만 낸 분과 200권을 낸 분, 자비 출판과 상업 출판, 독립 출판 등 다양한 방법으로 책을 낸 사례를 읽으니 생생하게 다가오지요?

책쓰기를 위해서는 자격증이나 시험, 학점 이수가 필요하지 않습니다. 여러분의 학벌, 자격증, 나이, 성별, 지위, 기관의 규모는 책을 내는데 아무런 문제가 되지 않습니다. 내가 쓰면 가능한 것입니다. 스스로에게 책쓰기를 허락하세요.

책쓰는 작가 사회복지사 10명의 당부를 다시 떠올리며, 지금부터 저와 함께 책쓰기를 본격적으로 시작해 보겠습니다.

02

책쓰기 기본 이해

초보 작가가 책을 쓸 때 주제에 대한 전문 지식 유무에 따라

별자리형 작가와 건축가형 작가로 나뉩니다.

작가 유형별로 책을 집필하는 방법이 다릅니다.

당신은 별자리형 작가인가요? 건축가형 작가 인가요?

1. 원고를 쓰는 3가지 방법

책을 쓰기 위한 글을 '원고'라고 부릅니다. 원고를 쓰는 방법은 3가지가 있습니다. 혼자 쓸 수도 있지만, 책쓰기 전문가의 도움을 받을 수도 있고, 대필 작가의 도움을 받을 수도 있습니다.

스스로 공부해서 원고 쓰기

평소 글쓰기를 좋아해서 이미 글쓰기라는 행동에 익숙하고 글쓰기에 재능이 있는 분이라면, 스스로 원고를 써서 책을 낼 수 있습니다. 강원남 사회복지사는 평소 글쓰기를 좋아해서 페이스북에 글을 올렸는데, 그것을 본 출판사에서 출간 제안이 와 글쓰기 강좌를 수강하면서 스스로 원고를 집필하였습니다. 작가 백순심 사회복지사는 책을 읽다 보니 책이 쓰고 싶어져서 온라인 카페에 글을 올렸는데, 많은 회원이 글이 너무 좋다고 말해줘서 자신감을 얻어 출판사 투고를 통해 책을 출판하였습니다.

이렇게 스스로 원고 쓰기를 할 때는 유튜브에서 책쓰기에 대한 영상을 보고, 책쓰기에 관한 책을 읽어보고, 한겨레교육이나 독립 서점에서 진행하는 책쓰기 수업을 한번은 들어보기를 권고합니다. 먼저 책쓰기를 어떻게 해야 하는지, 출간기획서가 무엇인지, 목차를 몇 개 써야 하는지, 목차 1개당 분량이 얼마나 되는지, 출판 방법으로는 어떤 것이 있는지 등을 알아보고 시작하세요.

왜냐하면 글쓰기와 책쓰기는 달라서 무작정 글쓰기만 하면 원고를 끝까지 못 쓰고 중도에 포기하거나, 원고를 다 썼는데 마땅한 출판사와 연결이 안 되어 책을 못 내게 될 수도 있습니다. 글은 문장력이 있으면 잘 쓸 수 있지만, 책은 구성력이 있어야 쓸 수 있습니다. 글을 모은다고 책이 되지 않지만, 책을 나누면 글이 됩니다. 글은 짧게도, 길게도 쓸 수 있지만 책은 한 가지 주제, 글마다 비슷한 분량으로, 40개 정도의 목차에 따라 최소 A4 100매를 써야 합니다. 이걸 모르고 글쓰기부터 시작하면 결코 책쓰기에 성공할 수 없습니다.

우리가 무언가를 배우겠다고 생각하면, 배울 방법은 무엇이 있을까요? 예를 들어 영어를 배워야겠다고 생각한다면 학원을 등록하는 방법도 있고, 인터넷 강의를 듣는 방법도 있고, 영어 고수가 쓴 책을 읽거나, 영어 고수를 만나서 공부법을 물어보는 방법도 있고, 과외를 받거나, 누군가 정리해 둔 영어사전을 외우거나 문제집을 푸는 방법으로 배울 수 있겠지요? 책 쓰기도 마찬가지입니다. 책쓰기를 모른다면, 배워야 합니다. '언젠가 책을 쓸 거야'라는 마음을 먹는다고 저절로 책 쓰는 방법을 알게 되지는 않습니다. 저는 책을 써야겠다고 결심하고 책쓰기 학원을 찾아가서 특강을 들었습니다. 책쓰기에 관한 책, 글쓰기에 관한 책을 많이 읽었습니다. 첫 책을 쓰고 나서도 글쓰기 공부를 계속했습니다. 제가 쓴 원고를 들고 전문 편집자를 찾아가 비용을 내고 개별 첨삭을 받았습니다. 많은 시간과 돈, 노력을 들여서 책 쓰기를 배웠습니다.

여러분, 책 쓰기는 '기술'입니다. 저는 2017년 이전에는 책 쓰기를 몰랐습니다. 책 쓰기를 공부했더니, 이제는 14권의 책을 낸 작가가 되었고, 다 나아가 다른 사회복지사들이 책을 쓰는 것을 도울 수 있게 되었습니다.

책쓰기 전문가의 도움을 받을 것

원고 쓰기를 할 때 혼자 하면 고생만 하고 실제 책이 나오는 단계까지 못 가는 경우가 많습니다. 이 책을 읽는 독자님 중에서도 집에 쓰다 만 원고가 몇 개씩 있는 분도 있을 텐데요, 그럴 때는 이미 책을 낸 작가를 찾아가서 조언을 구하거나 책쓰기 컨설팅을 받으면 좀 더 지름길로 책을 낼 수 있습니다.

저도 첫 책을 낼 때는 여러 전문가의 도움을 받았습니다. 첫 책은 책쓰기 컨설팅을 등록해서 2017년 당시 450만 원의 거금을 들이고 수업을 들어서 한 번에 다산북스와 출판에 성공했습니다. 두 번째 책은 자신감이 생겨서 스스로 써서 투고했는데 출판사에서 출판을 거부당했습니다. 내 글에 문제가 있다는 생각이 들어서 전문 작가를 찾아갔습니다. 원고 검토비 70만 원을 내고 검토받은 후 주제와 독자를 다시 설정하여 글을 일부 수정했더니 가나출판사와 계약할 수 있었습니다. 저도 첫 번째 책, 두 번째 책은 전문가의 도움을 받은 덕분에 대형 출판사와 출판을 할 수 있었는데요, 여러분도 전문가의 도움을 받는 것을 두려워하지 마세요. 혼자 하기 힘들면 저에게 연락을 주세요, 단독 저서, 공동 저서, 기관 사례집 등 다양한 상업 출판 책쓰기를 해본 경험으로 여러분을 도와드리겠습니다.

대필 작가

"책을 쓸 아이템이 있는데 제가 너무 바빠서 시간이 없어서, 대필 작가를 구하고 싶어요." 혹은 "그동안 칼럼 썼던 것과 끄적여 둔 것들이 있는데 나이가 많아서 정리가 어렵네요. 은퇴하기 전에 책을 한 권 쓰고 싶은데 정리를 도와줄 수 있을까요?"라고 말하는 예비 작가님들이 있습니다. 이것도 가능합니다.

제 지인 중에 대필 작가를 하는 분이 있는데요, 유명인이나 정치인,

유튜버 등의 책을 대신 집필하고 '비밀 유지' 서약을 하고 대필한다고 합니다. 물론 비용을 지불해야 합니다.

저는 대필이 나쁘다고 생각하지 않습니다. 여러분이 책을 쓸 시간이 없거나, 컴퓨터 활용 능력이 부족해서 책 쓰기가 어렵거나, 나이가 많다면 대필 작가를 활용하는 것도 좋은 방법입니다. 글쓰기를 다른 사람이 해도, 책에 담긴 내용은 나만의 고유한 지식과 경험이니까 기록으로 남기는 것이 사회복지계에, 인류에게 이득이라고 생각합니다.

2. 책을 내는 8가지 방법

원고를 다 썼다면 책을 내는 '출판' 방법은 다양합니다. 출판 전문가의 도움을 받는 상업 출판이나 자비 출판, 내가 스스로 만들어 보는 독립 출판, 플랫폼 자가 출판, 출판사 창업 출판 등 8가지 방법으로 책을 낼 수 있습니다.

1. 상업 출판

상업 출판은 작가는 글만 쓰고, 도서 제작에 따른 모든 비용은 출판사가 부담하는 방식입니다. 계약금, 인세, 인쇄비, 홍보비, 유통비 등을 출판사가 지급하고 책 제작에 관련된 모든 역할도 출판사가 합니다. 책 디자인, 책 제작, 홍보까지 말이죠. 그 대신 10%만 작가의 인세로 지급되고, 나머지는 출판사의 수입이 됩니다. 상업 출판의 장점은 돈을 받으면서 책을 낼 수 있다는 점과 출판사의 홍보를 통해 책 판매가 많이 될 수 있다는 점이고, 단점은 출판사의 선택을 못 받으면 책을 못 낼 수도 있다는 점입니다. 저는 그동안 냈던 책 대부분을 상업 출판으로 인세를 받고 출판했습니다.

2. 자비 출판

이미 쓴 원고가 있을 때 가장 쉽고 빠르게 책을 내는 방법은 돈을 내고 책을 제작하는 것입니다. 자비 출판은 책을 내고 싶은 작가가 원고를 쓴 후 출판 비용을 출판사에 지급하고 책을 내는 것입니다. 인터넷에 검색하면 나오는 자비 출판사를 통해서 제작할 수 있습니다. 자비 출판도 책으로 정식 등록이 되어 서점에서 구매가 가능합니다. 출판 비용은 책의 권수, 책의 두께, 내지 등에 따라 상이하지만 작지 않은 비용이 든다고 들었습니다. 도서 제작비 지원이 기관 차원이나 개인 차원에서 가능하다면 자비 출판 할 수 있습니다. 자비 출판의 장점은 돈을 내면 100% 책을 낼 수 있다는 점이고, 단점은 돈을 꽤 부담해야 하는 점과 이렇게 제작한 책이 재고로 쌓이게 된다는 점입니다. 아무래도 상업 출판보다 홍보가 덜 되기에 판매가 적게 됩니다. 김영아 작가는 발달장애인 당사자와 함께 출판하는 책의 특성상 자비 출판을 선택했습니다.

3. 독립 출판

독립 출판은 작가나 소규모 그룹이 출판사를 거치지 않고 책의 기획, 집필, 편집, 디자인, 인쇄, 유통, 홍보 등 모든 과정을 직접 주도하여 만드는 출판 방식으로, 이는 대형 출판 시스템이나 유통에 의존하지 않고, 작가의 창작 의도를 온전히 담아내는 '인디' 문화의 한 형태로 볼 수 있습니다. 독립 출판은 책 규격이나 내용을 자유롭게 제작합니다. 책 제작비용과 책 제작 모두 작가에게 권한이 많은 출판 방법인데요, 현직 사회복지사로 근무하는 분이라면 시간이 오래 걸리고 신경 써야 하는 것도 많아서 권유하고 싶지 않습니다. 독립 출판의 장점은 책 제작을 스스로 하기에 작가 마음에 드는 종이와 재질, 디자인을 할 수 있다는 점이고, 단점은 출판 전문가가 해야 하는 실무를 스스로 해야 하기에 시간이 많이 소요된다는 점입니다. 고라해 작가는 작가의 창작 의도를 온전히 담아내기 위해 독립 출판으로 책을 출간하였습니다.

4. 브런치 출판 지원사업

'브런치스토리'라는 사이트가 있습니다. 브런치는 다른 SNS와 다르게 아무나 만들 수 없습니다. 직접 쓴 글을 2~3개 정도 등록하면 글을 보고 작가 승인을 받아야 개설할 수 있습니다. 브런치에 올린 글을 보고 출판사에서 먼저 출간 제안이 올 수도 있고, 브런치에서 1년에 1번 브런치 출판 지원사업을 하니 출판 응모를 해보아도 좋습니다. 저도 브런치에 올린 글로 출간 제안을 받아본 적도 있습니다. 평소에 꾸준히 글을 써볼 생각이 있고, 꾸준히 글을 써서 책을 내고 싶은 분에게는 브런치를 통한 출판을 추천합니다.

5. 크라우드 펀딩

자비 출판을 하고 싶거나 독립 출판을 하고 싶은데 제작비 마련이 어렵다면 모금을 하여 예산을 먼저 확보하고 책을 출간할 수 있습니다. 텀블벅, 와디즈 펀딩 등의 사이트에서는 책 출간 전 미리 독자에게 책값을 후원받아 책 발간 후 사후 발송해 주는 모금 프로그램이 있습니다. 사전 예산도 확보가 되고, 독자를 미리 확보하게 되어 사전 홍보 효과도 좋습니다. 저도 책글사람출판사를 창업하고 사회복지사와 당사자의 책을 출간해야 하는데 제작비가 없어서 크라우드 펀딩을 시도했습니다. 『가출 쫌 해본 이광연』, 『우리가 만난 청소년에 대하여』 두 권은 637만 원, 『사회복지 어휘력 수업』은 1,103만 원을 모금하여 성공적으로 책을 제작할 수 있었습니다.

6. 출간 공모전 응모

한국출판문화산업진흥원, 경기도콘텐츠진흥원, 개별 도서관, 몇 출판사에서는 정기, 비정기로 책 원고를 응모 받아 책으로 출간해 주는 공모전을 지원합니다. 특히 내가 내고 싶은 책 분야가 시, 소설, 시나리오 같은 문학 영역은 공모전에서 입상하거나 수상, 선정을 통해 책을 내는 것이 정식 등용문으로 알려져 있습니다. 예를 들어 비룡소라는 출판사는 홈페이지에서 황금도깨비상, 비룡소 문학상, 비룡소 사각사각 그림책상, 비룡소 동시 문학상, 비룡소 역사동화상, 비룡소 셜록 홈즈상 등 다양한 응모를 통해 당선작을 다음해 책으로 출판하기도 합니다.

7. 플랫폼 활용 자가 출판

부크크, 교보문고 바로출판 퍼플 등은 종이책과 전자책을 자가 출판할 수 있는 플랫폼입니다. 크몽, 작가와, 유페이퍼, 키메이커, 이페이지 등은 전자책을 등록하고 판매할 수 있는 플랫폼입니다. 내가 쓴 글을 출판사 없이 내가 직접 편집해서 등록하면 주문자가 있을 때 1권씩 제작해서 택배 발송을 해주는 역할을 대행해 줍니다. 상업 출판이 되지 않아서 책을 안내기 아깝고, 출판사를 창업하기는 부담스럽지만, 책을 꼭 내고 싶은 분들이 자가 출판을 선호합니다. 김혜영 작가는 지역아동센터 실습 지도를 위한 책을 크몽 전자책으로 직접 만들어서 출간했습니다.

8. 출판사 창업해서 책 내기

출판사 창업은 생각보다 간단합니다. 출판사 창업을 하고 싶다면 구청의 문화도시과에 출판업 신규 등록 문의를 하면 자세한 서류를 알려줍니다. 구청 홈페이지에서 관련 양식을 내려받아서 "신규 등록 신청서, 등기부등본, 임대차계약서, 대표자 신분증 사본" 등 을 지참하고 방문하여 신청하면 1주일 정도 뒤에 출판사 신고증이 발급 완료되어 구청에 가서 찾아오고 등록 수수료를 내면 출판사 창업 완료입니다.

출판사 신고증이 있어야 책의 주민등록 번호인 ISBN 발급이 가능한데요, 국립중앙도서관 ISBN·ISSN 납본시스템 홈페이지에서 온라인 교육을 이수 받으면 당일에 바로 출판사 발행자 번호를 신청할 수 있고, 발행자 번호를 발급받은 후 책 제목, 저자, 책 가격, 저자, 장수, 목차 등을 넣으면 24시간 이내에 ISBN이 발급됩니다. 저도 지금 ㈜책글사람 출판사를 창업해서 여러 사회복지사의 책을 직접 출판하고 있습니다.

3. 목표는 상업 출판

앞에서 책 내는 8가지 방법을 설명했는데, 제가 가장 추천하는 출판 방법은 상업 출판입니다. 출판사에 투고해서 상업 출판 계약이 안 되면 자비 출판, 독립 출판 등의 방법을 시도하면 되니 처음 원고를 집필할 때부터 상업 출판을 염두에 두고 기획하면 좋겠습니다.

상업 출판을 추천하는 이유

상업 출판을 제안하는 것에는 여러 가지 이유가 있지만, 첫째로는 내 돈이 들지 않는다는 점입니다. 몇백만 원의 돈을 내더라도 책을 내는 것에 의의가 있다면 자비 출판이나 독립 출판을 말리지 않겠지만, 가능하다면 내 돈을 내지 않고 돈을 받으면서 책을 쓰는 것이 좋지 않을까요?

둘째 이유는 상업 출판을 하면 작가가 할 일은 딱 한 가지 글쓰기밖에 없습니다. 작가는 글을 쓰기만 하면 나머지는 전문가들이 알아서 해줍니다. 작가가 쓴 글에 띄어쓰기나 맞춤법이 틀려도 상관없습니다. 작가가 책 제목을 못 지어도 상관없습니다. 작가가 디자

책을 읽는 독자는 어떨까요? 통계청의 『2023년 사회 조사 보고서』에 따르면 최근 10년간 독서 인구는 50% 이하로 감소하고 있고, 1인당 1년 독서권 수도 15권 이하로 감소하고 있습니다. 이렇게 책을 내는 작가는 늘어나고, 책을 사는 독자가 줄어가는 가운데, 상업 출판을 하는 노하우는 무엇일까요?

상업 출판 노하우

제가 10권 이상 출판사와 상업 출판을 할 수 있었던 노하우 첫 번째는 시장성 있는 '좋은 원고'입니다. 좋은 원고로 출판사의 선택을 받아야 하는데요, 출판사가 원하는 좋은 원고는 무엇일까요? "바로 팔리는 책"입니다. 책이 팔려야 출판사도 운영이 되기 때문에 편집자들은 우리의 원고를 읽으면서 "이 책이 팔릴까? 팔리지 않을까?"를 먼저 고민합니다. 우리 책을 읽어줄 독자는 시간을 내고, 돈을 내서 우리 책을 읽는 것인데요, 우리 책이 15,000원 혹은 20,000원의 돈을 내고서라도 사 볼 가치가 있는 책, 독자가 듣고 싶어 하는 말을 담은 책으로 써야 합니다.

여러분의 원고가 좋다면, 출판사에서 먼저 상업 출판을 하자고 제안하거나, SNS에 올린 글을 보고 출판 연락이 오거나, 공모전에 선정되어 책을 낼 수 있습니다. 시장성 있는 주제를 작가 스스로 정하기 어렵다면 저처럼 경험이 있는 작가의 도움을 받는 방법도 있습니다.

두 번째 노하우는 차별성 있는 주제와 콘셉트입니다. 『쉽게 배워 바로 쓰는 사회복지 글쓰기』 책은 주제의 차별성이 있는 책입니다. 사회복지사들이 글쓰기로 야근을 많이 하는데, 시중에 일반 비즈니스 글쓰기 책은 많았지만, 사회복지사를 대상으로 한 업무용 글쓰기 책은 없습니다. 예비 사회복지사를 위한 행정론 교과서와 1급 시험을 위한 수험서는 있지만 실무자에게 업무용 글쓰기를 알려주는 책은 없었습니다. "사회복지사 대상 업무용 글쓰기"라는 주제로 차별성을 만들어서 상업 출판을 할 수 있었습니다.

『1천 권 독서법』은 콘셉트의 차별성이 있는 책입니다. 시중에 '독서법' 책은 흔합니다. 그러면 독서법을 주제로 한 책은 낼 수 없을까요? 아니요. 콘셉트가 차별성이 있으면 됩니다. 『1천 권 독서법』은 직장인이 3년 동안 하루 한 권 책 읽기로 1천 권을 읽었더니 삶이 바뀌었다는 콘셉트 덕분에 상업 출판을 하게 되었습니다.

주제와 콘셉트의 차별성이란 세상에 없는 완벽한 새로움 100%를 말하는 것이 아닙니다. 하늘 아래 새로운 것은 없습니다. 사람들은 30%만 다르면 다르다고 느끼기 때문에, 출판사 편집자들은 70%는 기본적인 내용이지만 30%의 차별성이 있다면 좋은 원고가 될 수 있다고 말합니다.

세 번째 노하우는 여러분이 '유명인'이면 가능합니다. 작가가 연예인이거나 SNS로 이름난 인플루언서이거나, 전문가로 방송 출연을 한 이력이 있다면 출판사에서 먼저 출간 제안을 합니다. 물론 유명한 분이 좋은 원고까지 쓰면 아주 좋겠지요.

그래서 평소에 부지런히 SNS를 성장시켜 놓는 것이 좋습니다. 인플루언서가 아니더라도 SNS를 하는 것과 안 하는 것은 다릅니다. 페이스북, 인스타그램, 블로그, 유튜브 등 무엇이든 괜찮으니 이웃 수를 늘려놓고, 내가 책 내고 싶은 분야와 관련 있는 글을 지속적으로 올려서 해당 분야의 전문가로 준비되었음을 알리는 것이 전략입니다.

4. 책쓰기 전, 글쓰기 훈련

책쓰기는 커녕 글쓰기도 자신이 없어서 망설이시나요? 저는 사회복지사라면 이미 기본적인 훈련은 되어있다고 생각합니다.

사회복지사로 받은 글쓰기 훈련

부끄럽지만 저도 글쓰기에 재능이 없다고 고백할 수밖에 없습니다. 초·중·고 학창 시절부터 지금까지 백일장이나 글쓰기 공모전에서 한 번도 선정된 적이 없습니다. 하지만 사회복지사로 일했던 업무 경험은 저에게 좋은 글쓰기 훈련이 되었습니다. 지금 저를 다작 작가로 만든 것은 소진으로 힘들었던 시절 잠이 안 와서 무작정 읽고 필사했던 책들과, 19년 동안 현장에 있으면서 1년에 6번씩 썼던 프로포절 작성 훈련 덕분이라고 생각합니다.

사회복지사로 일하면서 프로포절을 많이 써봤고, 많이 떨어져봤고, 많이 붙어봤고, 우수 프로포절로 선정되기도 했습니다. 요즘은 프로포절 분량이 많이 줄어들고 간소화되는 추세지만 20여년 전에는 A4 30장씩 프로포절을 썼습니다. 그래서일까요? 첫 책을 쓸 때 A4 100장이 책 1권이라는 말에 처음 든 생각이 '어? 프로포절보다 조금만 더 쓰면 되겠네?'라는 생각이었습니다. 프로포절 쓰기는 나를 작가로 만드는 유익한 훈련이었다고 생각합니다.

또 지금 저를 예비 작가의 원고를 읽고 윤문하는 출판사를 하도록 만든 것도 팀장과 과장으로 일했던 사회복지 업무 경험 덕분이라고 생각합니다. 3년 차에 팀장이 되면서 10명 팀원의 모든 업무용 글쓰기를 수정하고 첨삭했습니다. 5년 차에 총무과장이 되니 전 직원이 쓴 75개의 사업계획서, 평가서, 매일 올라오는 수십 개의 일지를 읽고 개별 첨삭을 했습니다. 부장이 되니 부설기관에서 올라오는 더 많은 업무용 글쓰기까지 검토했습니다. 직원을 위해 기꺼이 했던 글쓰기 첨삭지도는 저를 출판사 대표가 되도록 만든 훈련이 되었습니다. 물론 실습생 지도와 신입 직원 지도도 좋은 글쓰기 훈련이었지요.

그래서 사회복지사라면 기본적인 글쓰기 훈련은 된 상태라고 말씀드리는 것입니다. 책을 쓰기로 마음을 먹은 예비 작가 사회복지사는 무엇을 어떻게 준비해야 할까요? 책쓰기 전 원고 쓰기를 위한 글쓰기 훈련을 알려드리겠습니다.

책을 읽어야, 책을 쓴다

중학교, 고등학교, 대학교, 도서관에 종종 독서법 강의를 하러 갑니다. 그때 저에게 가장 먼저 하는 질문이 "작가님, 요즘 누가 책을 봐요? 유튜브에 검색하면 다 나오고, 네이버에 검색하면 다 나오는데 책을 읽는 사람이 있어요?"라고 질문을 합니다. 이 질문에 "인터넷 시대, 영상 시대이지만 책을 읽어야 한다"라고 대답을 합니다. 그 이유로 작가끼리 하는 말 중에 "어느 한 분야의 책을 50권에서 100권을 읽으면 그 분야의 대중서를 쓸 수 있다."라는 말을 합니다. 예를 들어 사회복지를 하나도 모르는 작가라도 사회복지 분야 책을 50권에서 100권을 읽으면 대중서를 쓸 수 있을 정도의 기본 지식이 생긴다는 말입니다.

원고를 쓸 정도의 지식은 유튜브를 100개 본다고 생기지 않고, 인터넷 글을 1,000개 읽는다고 생기지 않습니다. 왜냐하면 인터넷에 있는 지식은 단편적이고 부분적인 지식이고, 안다고 착각만 주고 뇌를 스치고 지나가서 잊힙니다. 하지만 책을 50권, 100권을 읽으면 생각을 하게 됩니다. 책을 읽으면 남의 생각을 바탕으로, 나만의 생각이 발전되어 책을 쓸 만큼의 지식과 사고가 생겨납니다. 생각해야 글을 쓰게 되고, 글을 써야 책이 됩니다.

제가 1년에 1권씩 책을 낼 수 있는 노하우는 1년에 최소 200권의 책을 읽기 때문입니다. 여러분이 책을 쓰겠다는 목표가 있다면, 오늘부터 내가 쓰고 싶은 분야에 관한 책 읽기로 전문 지식을 쌓으세요. 아직 분명한 책 분야를 정하지 못한 분이라면 문사철(문학, 역사, 철학) 분야 독서를 통해 기본 교양 지식을 쌓으세요. 전문 독서와 교양 독서로 책쓰기 기초체력을 키워둔다면 여러분이 책 쓰기를 시작할 때 아주 큰 자산이 될 것입니다. 내가 책 쓰고 싶은 분야를 찾았다면 책 쓰고 싶은 분야의 독자가 겹치는 책, 나와 직업이 같은 작가의 책, 주제가 비슷한 책을 최소 50권 이상 읽어야 합니다. 책을 읽다 보면 내 생각과 똑같은 책도 있고, 나와 다른 생각도 있고, 기존 책에 없는 나만의 생각도 있습니다. 이 차이를 발견해야 다른 책과의 차별성 30%를 만들어서 상업 출판에 성공할 수 있습니다.

필사로 글솜씨를 키우자

2017년 이전에 저는 책을 써보지 않았던 평범한 워킹맘 사회복지사였습니다. 불면증으로 고생하다가 '2,000권의 책을 읽으면 머리가 트인다'라는 말에 도전을 받아 책을 읽게 되었고, 책을 읽다 보니 책을 쓰고 싶은 마음이 들었습니다. 밤마다 두 아이를 재운 후, 부엌 식탁에서 집필한 책이 출판사와 계약을 하게 되었는데요, 첫 책 계약 전 10여 곳의 출판사 편집자에게 러브콜을 받으면서 들은 공통된 말은 "초보 작가인데, 문장 가독성이 좋아서 계약하고 싶다"라는 평가였습니다.

제가 책을 읽는 독자에서 책을 쓰는 작가가 된 가독성 비결을 딱 한 가지만 꼽으라고 한다면 책을 '필사'했다는 것입니다. 책을 읽고 나면 시간이 조금만 지나도 잊힙니다. 읽은 책을 기억하기 위해서, 글쓰기 실력을 키우기 위해서 책을 읽으면서 필사했습니다. 첫 책을 내기 전에는 1천 권의 책을 필사했고, 이후부터는 1년에 200권 이상의 책을 필사하며 1년에 1권씩 책을 쓰고 있습니다. 돌아보니, 수천 권을 읽으면서 수천 명 작가의 수십만 개의 문장을 만났고, 그 중에서 필사할 문장을 고르면서 좋은 문장을 보는 안목이 생겼고, 손으로 몇천 개의 문장 따라 쓰기를 하다 보니 작가들의 실력을 커닝하여 글쓰기 실력이 향상된 것 말고는 다른 비법이 없습니다.

필사는 독후감이나 독서 감상문, 서평 쓰기가 아닙니다. 내 생각이나 느낌을 쓰지 않고, 작가의 문장 그대로 단어와 문장 부호, 띄어쓰기까지 똑같이 따라 쓰는 것을 말합니다. 필사할 때는 문장력 향상을 목적으로 작가 지망생들이 유명 작가의 책 한 권을 따라 쓰는 전체 필사를 하기도 하는데, 우리는 여러 작가의 좋은 문장만 따라 쓰는 부분 필사를 하는 것을 추천합니다. 화가 지망생들도 처음부터 창작물을 그리지 않고, 유명 화가의 그림을 따라 그리기부터 시작합니다. 우리도 기존 작가의 글을 따라 쓰기하는 필사부터 시작해서 점점 글쓰기 솜씨를 키우는 것이 좋습니다. 모든 작가는 나의 스승이라는 마음으로 한 문장이라도 필사하세요.

특히 내가 글쓰기에 재능이 없다고 걱정하는 분은 지금부터 독서를 시작하고, 필사를 하세요. 저도 그렇게 글쓰기 실력을 키웠습니다.

완성에 의의를 두고 용기 내는 훈련

"제 삶이 거의 드라마 한 편이예요. 할 말이 많은데요 아껴두었다가 일생의 역작을 한 번에 쓰려고요."라는 분들이 있습니다. 저는 그 말에 반대합니다. 초등학교 1학년 때 일기를 한 줄도 안 쓰던 아이가, 6학년이 되면 완벽한 일기를 쓸 수 있을까요? 아니요. 절대 못씁니다.

저에게도 "너는 왜 매년 책을 내니? 책이 완성도가 떨어지니까, 매년 책 내지 말고 좀 더 완성도를 높여서 한 번에 책을 내라."고 말하는 사회복지사가 있습니다. 그동안 제가 썼던 책들을 보면 부족한 부분, 아쉬운 부분이 보이지만 2017년의 전안나가 『1천 권 독서법』을 썼기에, 2019년의 전안나가 『기적을 만드는 엄마의 책공부』를 쓸 수 있었고, 조금씩 성장하면서 제 책 14권과 다른 작가들의 책 쓰기도 도울 수 있었습니다.

책쓰기는 완벽보다 완성에 의의를 두어야 합니다. 책을 쓰면서 작가도 같이 성장합니다. 글쓰기는 누구나 두렵습니다. 저도 매번 책을 쓸 때마다 두렵습니다. 내가 잘 쓸 수 있을까? 자신을 의심하며 씁니다. 글을 못 썼다고 비판받으면 어떡하지? 머리를 싸매며 고민합니다. 다 아는 내용을 왜 썼어? 라는 말을 들을까 봐 두려운 마음으로 자료조사를 다시 합니다. 새로 나온 신간 도서들을 분석하면서 공부합니다. 온라인 강의를 수강하면서 한가지라도 더 책에 담으려 애를 씁니다. 글쓰기는 누구에게나 두렵습니다. 하지만, 할 말이 있다면, 참을 수 없다면 다른 사람이 쓰기 전에, 먼저 용감하게 쓰세요.

아무것도 하지 않으면, 아무 일도 일어나지 않습니다. 소중한 나를 위해 오늘 용기를 내세요. 용감하게 글을 쓰기 시작하는 것이 가장 중요한 훈련입니다.

5. 작가의 두 가지 유형

초보 작가가 책을 쓸 때 주제에 대한 전문 지식 유무에 따라 별자리형 작가와 건축가형 작가로 나뉩니다. 작가 유형별로 책을 집필하는 방법이 다릅니다.

별자리형 작가

별자리형 작가는 특정 분야에 전문 지식이 이미 있는 전문가를 뜻합니다. 별을 이으면 별자리가 되듯이 내가 알고 있는 내용만 책으로 써도 될 정도로 지식을 가진 예비 작가이죠. 『쉽게 배워 바로 쓰는 사회복지 글쓰기』는 다양한 사회복지 행정 업무를 19년간 해본 경험이 있고 상업 출판을 3권 해본 경험을 바탕으로 '사회복지'와 '글쓰기'를 접목하여 집필해서 순식간에 원고를 완성할 수 있었습니다.

내가 전문가라면, 이미 잘 알고 있는 내용을 주제로 정하면 책쓰기가 편합니다. 자신이 가장 잘 아는 것을 쓰면 생생한 이야기가 드러납니다. 나는 잘 알고 있지만 다른 사람들은 모르는 내용을 주제로 삼는 것이죠. 여러분도 사회복지 분야에서 여러 해 일을 했다면 이미 비 사회복지사보다는 전문 지식을 갖고 있습니다. 내가 전문가인지 아직 모를 뿐이죠. 내 속의 전문 지식을 이어서 별자리형 작가가 될 수 있습니다.

별자리형 작가가 주제를 찾을 때는 '내가 지금 바로 강의를 해야 한다면, 6시간 이상 할 수 있는 주제가 무엇이 있을까?'로 생각하면 빠르게 찾을 수 있습니다. 제가 사회복지사를 대상으로 책쓰기 특강했을 때 "지금 바로 6시간 이상 강의를 할 수 있는 주제가 무엇이 있나요?"를 물어보니 다양한 대답이 나왔습니다.

> "발달장애인 당사자분들과 마을 만들기 사업을 하고 있는데요, 동료 사회복지사들에게 당사자분들과 프로그램, 사업을 진행하는 노하우를 알려줄 수 있어요"

> "준비가 조금 더 필요하긴 한데요, 총무팀 업무를 오래 해서 예산관리, 회계 관리 실무나, 직원들이 회계처리 관련해서 궁금해하는 점은 6시간 정도 강의할 수 있어요"

> "저는 자녀가 발달장애인인데 30대예요. 그리고 장애인 시설에서 시설장으로 일을 했어요. 발달장애인에 대한 주제라면 엄마 관점에서, 사회복지사 관점에서 6시간 이상 할 수 있어요"

"고양이 집사인데요, 고양이를 어떻게 잘 기를 수 있는지 먹을 것, 건강관리, 예방접종, 털 관리, 좋은 용품 고르는 법 등에 대해서 6시간 동안 이야기할 수 있어요."

"취미가 요가인데요, 소진이 와서 운동을 시작했다가 완전히 빠져서 자격증도 취득했어요. 초보자에게 요가를 알려주는 것은 가능할 것 같아요"

이렇게 여러분이 한 가지 주제에 대해서 6시간 이상 강의를 할 수 있다면 여러분은 이미 해당 분야에 책을 쓸 지식을 가지고 있는 별자리형 작가입니다.

건축가형 작가

두 번째로는 현재 잘 모르는 내용이지만 내가 관심이 있거나 알고 싶은 내용의 주제로 공부하면서 책을 쓰는 건축가형 작가가 있습니다.

저는 첫 책을 쓸 때 하루 한 권 책 읽기로 1천 권을 읽은 독서 경험이 있었지만 독서에 대한 전문 지식은 없었습니다. 그래서 독서법에 관한 책을 쓰기로 결심하고 공부를 시작했습니다. 독서법책을

100여 권을 읽었습니다. 독서지도사· 독서토론 지도사·하브루타 독서 코칭 · EBS 교과 독서지도 강사 등 여러 개의 독서 자격증을 취득했습니다. 초등학생·성인·직장인·사회복지사 독서토론 동아리를 재능 기부로 운영하면서 독서토론 경험을 쌓았습니다. 하루 한 권 책 읽기도 계속했습니다. 이렇게 공부를 통해 지식을 쌓아 『1천권 독서법』 책을 썼고, 독서법 전문가가 되었습니다.

건축가형 작가가 주제를 찾을 때는 '내가 1년 뒤, 3년 뒤, 5년 뒤 어떤 전문가로 인식되고 싶은가?'로 생각하면 빠르게 찾을 수 있습니다. 제가 사회복지사를 대상으로 책쓰기 특강했을 때 "지금 바로 6시간 이상 강의를 할 수 있는 주제가 없는 분들은, 내가 1년 뒤, 3년 뒤, 5년 뒤 어떤 전문가로 인식되고 싶은가로 생각해 보세요."로 물어보니 다양한 대답이 나왔습니다.

> "사례관리 업무 한 지 3년 된 대리인데요, 이제야 사례관리의 즐거움을 알게 되는 것 같아요. 힘들 때도 있지만 그래도 재미있어요. 사례관리 전문가가 되고 싶어요."

> "스마트워크, 디지털, AI에 대해 관심이 많아요. 사회복지사와 사회복지 조직의 스마트워크, 디지털, AI 전문가가 되고 싶어요."

> "인권 강의를 한 지 이제 2년 되었어요. 인권은 공부하면 할수록 더

알고 싶고 공부하고 싶은 바다 같아요. 당사자 중심의 정신 장애인 인권 전문가가 되고 싶어요."

"총무팀 업무를 이제 막 맡은 과장인데요, 사업만 하다가 총무팀을 맡으니 힘드네요. 그래도 앞으로 조직 관리 업무를 하려면 총무팀 경험이 꼭 필요하다고 생각해요, 공부하면서 전문가가 되고 싶어요."

"사춘기 딸을 키우는 게 너무 힘드네요. 요즘 부모 교육서를 많이 읽고, 딸과 대화를 잘하려고 감정 코칭 공부도 하고 있어요. 저처럼 사춘기 딸 때문에 힘든 엄마를 위해서 책을 써서 도와드리고 싶어요."

내가 아직 특정 분야의 전문가가 아니고, 기존에 내가 잘하고 있는 것 중에 책을 쓸 생각이 없는 분은 지금부터 내가 알고 싶은 내용, 관심 있는 내용을 주제로 공부하면서 책을 쓰는 건축가형 작가가 되면 됩니다.

여러분은 별자리형 작가인가요? 건축가형 작가 인가요?

03

책쓰기 1단계
준비하기

원고를 쓰기 전에 먼저 할 일이 있습니다.

바로 기획입니다.

책 쓰기를 위해 주제 선정, 독자 선정, 정보 수집, 목차 구성 후,

출간기획서를 작성한 후에 원고 쓰기에 들어가야 합니다.

준비 1단계_ 주제 선정하기

책쓰기 전 제일 먼저 할 일은 '주제 정하기'입니다. 주제는 중심이 되는 문제, 중심 생각이라는 뜻으로 작가가 말하려는 '무엇'을 말합니다. 주제가 분명해야 글이 산만해지지 않고, 읽는 이들에게 글쓴이가 하려는 말이 정확하게 전달됩니다. 주제는 글을 쓰기 전 가장 먼저 명확히 정해야 합니다. 주제는 내비게이션의 좌표 같은 역할을 하므로 목적지를 설정하는 역할을 합니다. 작가들은 책을 쓰기 전 주제를 한 줄로 정리해서 벽에 붙여놓고 책 쓰기를 시작합니다. 작가가 주제를 찾는 몇 가지 질문이 있습니다. 어떤 주제로 책을 써야 할지 모를 때는 아래 질문을 먼저 머릿속에 떠올려 보세요.

지금 6시간 이상 강의할 수 있는 주제가 있는가?

여러분이 6시간 이상 강의할 수 있는 주제가 있나요? 그렇다면 여러분은 이미 책 쓸 준비가 된 별자리형 작가입니다. 6시간 강의를 말로 하는 것이 아니라, 글로 쓴다고 생각하면 가장 빠르게 책을 쓸 수 있습니다.

사례 1. 사회복지직 공무원 작가의 주제 선정

사회복지직 공무원인 L 작가가 책을 쓰고 싶다고 컨설팅 요청을 하였습니다. 16년 차 사회복지직 공무원으로, 공무원들 대상으로 국민기초생활수급보장제도에 대해 강의하고 있는데, 해마다 변경되는 부분이 있어서 매년 강의 의뢰가 온다고 했습니다. 보통 강의 의뢰는 2시간이지만, 6시간 이상 강의도 가능하다는 대답을 들었습니다. L 작가님은 국민기초생활수급보장제도에 대한 책을 쓰기로 주제를 잡았고, 독자 메인 타켓은 사회복지직 공무원으로 하되, 국기초 신청접수가 민간 사회복지사들로 확대되는 중이어서 서브타켓은 민간 사회복지사로 정하였습니다. 기존에 강의 듣는 수강생용 참고 자료로 작성한 원고 초고가 30여 매 정도 있어서 책쓰기를 수월하게 진행할 수 있었고, 사회복지 전문 출판사와 상업 출판 계약에 성공했습니다.

사례 2. 디지털 전환과 AI 시대에 맞는 주제 선정

재단에서 근무하는 H 사회복지사가 책을 쓰고 싶다고 컨설팅 요청을 하였습니다. 스마트워크, 디지털 전환, AI 등의 주제로 이미 강의하고 있었고, 관련 주제에 관심이 많아서 학습도 꾸준히 한 전문가였습니다. 법인과 복지관에서 최고 중간관리자로 일한 경험이 있기에 메인 독자를 일반 사회복지사 대상이 아니라, 사회복지 조직의 중간관리자와 최고 관리자로 정했습니다. 책 내용도 실무자에게 필요한 기술보다는, 관리자 대상으로 사회복지 조직에서 스마트워크,

디지털 전환, AI를 왜 도입해야 하는지, 어떻게 도입할 수 있는지, 시설장과 기관 직원을 어떻게 설득할 수 있는지를 주요 방향으로 정하였습니다. 제가 일부러 H 작가님의 강의를 청강하여 들어보니 내용도 탄탄하고 좋았습니다. 그래서 강의 구성안 순서대로 책의 순서를 구성하되, 대면 강의 때 수강생 개별 실습 위주로 진행한 부분을 책에는 각 사회복지 기관별 사례로 변경하여 책에 풍성한 사례를 넣기로 하였습니다. H 작가님은 이렇게 작성한 원고로 2개 출판사와 상업 출판을 하였습니다.

위의 사례처럼 평소에 강의를 많이 하는 분이라면 책쓰기에 유리하겠지요? 그런데 강의하는 강사들에게 책을 내라고 권유를 드리면 "강의는 하겠는데 책쓰기는 겁나요."라고 말하는 분이 의외로 많습니다. 만약 6시간 강의할 주제는 있지만 글쓰기가 어렵다면 앞에 사람을 앉혀놓고 강의를 한다는 마음으로 실제 강의를 하면서 녹취 앱을 활용해서 말을 텍스트 글자로 변환하는 방법이 있습니다. 스마트폰 앱스토어에서 '다글로', '클로바노트' 등의 앱을 설치하면 여러분이 말하는 음성 그대로 글자 텍스트로 변환을 해주는데요, 그렇게 내가 강의한 내용을 바탕으로 구어체를 문어체로 변경하면 손쉽게 책쓰기를 할 수 있습니다.

사례 3. 자신 있는 강의 주제 교안을 다듬어 책으로

사회복지학 박사 취득 후 강의를 하던 K 사회복지사가 강의용 수업

교재를 집필하고 싶다고 문의하였습니다. 현재 강의하고 있는 과목 중 가장 자신 있고 좋아하는 과목명이 무엇인지 물어보았습니다. 평소 강의를 많이 하던 주제여서 15주 강의안도 이미 있어서, 해당 PPT를 8시간짜리 특강용 강의안으로 다시 제작해서 1주일 뒤에 만나기로 했습니다. 수강생으로 저를 앉혀놓고 아침 9시부터 저녁 6시까지 8시간 동안 강의를 했습니다. 저는 강의를 들으면서 녹취 앱을 활용해서 음성 정보를 텍스트 정보로 변환하는 작업을 진행했습니다. 8시간 강의가 끝나자, 8만 자 정도의 책 초안이 완성되었습니다. 제가 3일 정도 목차를 구성하고, 구어체를 문어체를 바꾸는 작업을 했고, 다시 K 작가에게 보내서 20% 정도 내용 보강을 한 후 책을 발간하였습니다. 불과 한 달 만에 말이죠!

5년 뒤 어떤 전문가가 될 것인가?

만약 지금 바로 6시간 이상 강의할 주제가 없다면 "5년 뒤 어떤 전문가가 될 것인가?"를 생각해 보세요. 책을 내면 한 분야의 전문가로 인정받게 됩니다. 책 주제를 정할 때는 내가 1년 뒤, 3년 뒤, 5년 뒤 어떤 전문가가 되고 싶은지를 먼저 생각하는 것이 필요합니다. 그 전문 분야를 위해 어떤 책을 내는 것이 좋을지를 역산하여 현재 책을 낼 분야를 정하면 좋습니다.

사례 4. 정신장애인 분야 30년 경험을 살린 주제 선정

협회에서 근무하는 Y 사회복지사가 책을 쓰고 싶다고 컨설팅 상담을 요청했습니다. 50대 남성을 대상으로 독서 에세이를 쓰고 싶다고 하여서 말렸습니다. 50대 남성은 독서 인구가 적고, 특히 독서법 책을 안 사서 봅니다. 본인 나름의 독서 스킬이 있다고 생각하거나 독서에 관심이 없기 때문이죠. 더군다나 독서법 전문가도 아니고 현직 사회복지사가 쓴 독서법 에세이는 읽을 가능성이 더 가능성이 낮아서 시장성이 없다고 보았습니다.

좀 더 이야기를 나누다 보니 Y 사회복지사는 정신장애인복지 분야에서 30년 일한 경험, 특히 정신장애 자녀를 양육하는 어머니들과 교류가 많았다는 것을 발견하고 "일반인들에게 정신 장애인을 일상에서 만난다면 어떻게 대응해야 하는지", "장애 아동을 키우는 초보 엄마들에게 아이들의 장애 종류에 따라 선배 엄마들 사례와 함께 아이를 잘 양육하는 방법을 돕는 책신입 정신건강사회복지사에게 실무를 알려주는 책"을 쓰는 것이 좋겠다고 조언을 드렸습니다. 그런 책을 낸다면 이미 30년 가까운 경력에 더해, 일반인들과 신입 사회복지사에게 정신장애인복지 전문가로 인식될 것이라고 말이죠. Y 사회복지사는 공동 저서로 신입 정신건강 사회복지사를 위한 책을 집필하였습니다.

내가 생각하는 분야에 시장성이 있는가?

앞에서 출판 방법 8가지를 말했습니다. 여러 출판 방법 중 출판사에서 돈을 받으면서 전문가의 도움을 받아 책을 내는 상업 출판을 먼저 추천합니다. 상업 출판을 위해서는 출판사 입장에서는 이 책을 냈을 때 얼마나 팔릴 것인가를 생각하게 됩니다. 손해를 보면서 책을 내면 출판사가 오래 존속하기 힘들기 때문이죠. 즉, 상업 출판을 위해서는 여러분이 쓴 책이 사람들이 돈을 주고 사서 봐야 하는 시장성이 있어야 합니다. 내가 쓰고 싶은 책이 시장성이 있다면 좋겠지만, 안 그런 경우가 많습니다. 출판 트렌드나 시장성을 사회복지사 스스로 알기는 어렵습니다. 내가 쓰고 싶은 책 주제를 정했다면, 주변 작가나 출판사 편집자에게 주제에 대한 상담은 꼭 하고 책을 쓰면 좋겠습니다.

사례 5. 홍보 메모 전문성을 살려 시장성을 여는 사회복지사

A 사회복지사가 책을 쓰고 싶다고 컨설팅을 요청하였습니다. 어렸을 때부터 글쓰기를 좋아해서 막연하게 책을 쓰고 싶다는 마음이었습니다. 6시간 강의할 수 있는 주제가 있는지 물어보니 없다고 했습니다. 5년 뒤에 어떤 전문가가 되고 싶은지 물어보니 "메모 전문가"가 되고 싶다고 했습니다. 이유를 물어보니 업무에서 주민들의 이야기를 잘 적어두었다가 홍보하거나 기록할 때 활용하니 효과적이었다는 경험을 이야기하였습니다. 메모 전문가가

되고 싶은 마음은 있었지만 특별한 기술이나 경험이 있는 것은 아니였습니다. 좀 더 이야기를 나누다 보니 홍보 업무를 7년 동안 한 경험이 있었고, 기관의 미션, 비전 등 총괄적인 관점에서 홍보를 보는 시각을 갖고 있었습니다. 홍보 실무자로서 전문성이 있는 것 같다고 말했더니, "사람들이 이 정도는 다 알지 않아요?"라고 대답했습니다. "혹시 사회복지 홍보 단톡방에서 신입직원들이 물어보는 말에 답변할 지식이 있지요?" 했더니 "어? 네. 맞아요, 저 홍보 단톡방에서 대답 잘해줘요."라는 대답에 "선생님은 이미 홍보 전문가세요."라고 말했더니 "저 지금 처음으로 전문가로 인정받은 느낌이에요."라며 감격해했습니다. 메모 전문가로서는 시장성이 없지만, 사회복지 실무자로 기관의 미션, 비전을 관통하는 기획과 접목한 홍보 실무서를 집필하면 시장성도 있고, 본인의 전문성도 계발할 수 있다는 합의로 책쓰기를 시작했습니다.

책 쓸 주제가 여러 개일 때는?

만약 내가 쓰고 싶은 주제가 여러 개일 때는 차례대로 집필하면 됩니다. 책은 평생 1권만 내야 하는 것이 아니고 앞으로 10권, 30권, 100권도 낼 수 있습니다. 앞에서 소개한 이용교 사회복지사는 200여 권의 책, 우수명 사회복지사도 34권의 책을 썼습니다. 우리가 평생 딱 한 권의 책만 집필해야 하는 것이 아닙니다. 책 쓸 주제가 많은 분은 책 집필 우선순위를 정하되, 시장성을 기준으로 판단해야 합니다. 여러 가지 주제 중 가장 시장성이 있는 주제로 책을 내고 나면, 여러분 책의 이력을 통해 시장성이 없는 주제도 작가 스스로 시장성을 만들어 낼 수 있습니다.

저는 처음 책을 쓸 때 제가 오랫동안 해온 사회복지 행정 실용서 책을 쓰고 싶었습니다. 그런데 기존에 책을 낸 작가님이 말하기를 "사회복지사는 책을 안 봐요. 사회복지사 대상 책은 일반 출판사에서는 출판이 힘들어요."라고 말을 해서, 대중서가 될 수 있는 독서법을 주제로 첫 책을 내게 되었습니다. 독서법 책을 내고 나니, 두 번째 책은 워킹맘 독서법, 세 번째 책은 자녀 독서법 책을 내게 되었는데요, 마음 한 켠에서는 '사회복지사 대상 책을 내고 싶다. 사회복지 행정 실용서를 내고 싶다'라는 마음이 계속 있었습니다. 그래서 2020년 하반기에 출간기획서를 써서 인간과복지 출판사를 찾아갔습니다. 그동안 책을 내면서 작가 활동을 하고 있고, 사회복지사로 현장에서 사회복지 행정업무를 오래 해서 '사회복지'와 '글쓰기'를 접목해서 책을 쓰고 싶다고 말이죠. 제가 이미 사회복지행정 업무 경험도 있고, 책을 쓰면서 글쓰기 노하우도 가지고 있고, 글쓰기 강의도 하면서 "사회복지 글쓰기" 책을 쓸 준비가 되었기에 4년 만에 제가 원하던 책을 쓸 수 있었습니다.

사례 6. 초보 작가이지만 다양한 컨텐츠 덕분에 두 권을 동시 진행

앞에서 말씀드린 H 남성 사회복지사는 스마트워크, 디지털전환, MS, AI등의 주제로 이미 다양한 강의를 하고 있었습니다. 이렇게 다양한 주제에 전문성이 있는 경우에는 책을 쓸 주제가 너무 많아서 고르기 힘든 분도 있습니다. 본인이 제일 중요하게 강조하고 싶은 주제는 '디지털 전환'이라고 말씀하셨지만, 요즘 시장 트렌드가 AI여서 우선순위에서 AI를 1위로 하는 것이 좋을 것 같다고 제안했습니다. 첫 책을 AI로 쓰고 나면 다음 기회가 또 생길 것이라고 말이죠. 책 제목과 큰 주제는 AI로 잡고, 세부 내용과 목차에 디지털 전환, 스마트 워크를 한 꼭지씩 넣기로 협의하였습니다. 원고 작성 후 투고를 하였는데, 처음 작성한 원고로 사회복지전문 출판사와 계약을 하게 되었고, 또 다른 출판사에서 AI 주제로 다음 책 출판을 제안받아서 2개의 출판 계약을 동시에 하게 되었습니다. 책을 한 번도 내본 적 없는 예비 작가이지만, 시장성 있는 주제를 우선순위로 정해서 가능한 일이었습니다.

"일단 유명해져라, 그렇다면 사람들은 당신이 똥을 싸도 열렬히 박수를 쳐 줄 것이다."는 말이 있습니다. 여러분이 먼저 시장성 있는 주제로 책을 내고 나면, 여러분 스스로가 브랜드가 되기에 그다음 책을 낼 기회가 찾아옵니다.

준비 2단계_ 독자 선정하기

주제 선정 후 두 번째로 할 일은 '타킷 독자 선정'입니다. 내 책을 많은 사람이 읽기를 바라는 마음으로, 우리나라 전 국민을 독자로 설정하면 안 됩니다. 정확한 독자, 딱 한 명의 독자를 설정하는 것이 정확한 책 쓰기를 위해 필요합니다.

독자를 설정하는 방법

책은 사람들이 돈을 주고 사서 보는 것입니다. 우리나라 5,000만 명의 인구 중 책을 돈 주고 사서 보는 독서 인구는 10%, 약 500만 명에 불과합니다. 심지어 출판사에서는 내 타킷 독자의 1%만 실제 책을 구매하는 것으로 보고 있습니다.

사회복지사 대상 책이라면 우리나라 사회복지사 자격증 소지자는 160만 명이지만, 실제 현장에서 근무하는 사회복지사는 20여만 명입니다. 20여만 명 중 1%면 2천 명만 내 실제 고객이 될 수 있습니다. 모두가 내 책을 읽는 것은 불가능하지요. 작가가 말하는 '독자'는 전 국민이 아니고, 내 책을 돈 주고 사서 읽는 사람을 말합니다.

내 책을 돈 주고 사서 볼 사람의 정확한 연령대, 성별, 인구 사회학적 특징, 기대하는 바를 생각하면서 그 독자 맞춤으로 책을 써야 합니다. 모두를 만족시키는 책은 없습니다. 내 책에 맞는 정확한 독자 타케팅이 필요합니다.

저는 그동안 14권의 책을 썼는데요, 14권 모두 다 타깃 독자가 달랐기에 독자에 따라 사용하는 단어, 넣어야 하는 에피소드의 종류, 책 내용, 목차 구성 방법, 어투를 다르게 집필했습니다. 예를 들어 『1천 권 독서법』은 20~40대 현직 직장인 독자 대상 자기 계발서입니다. 직장인 대상 책이기에 내용 중 직장인이라면 공감할 소진, 번아웃, 자기 계발, 직장 내 에피소드 등을 담았고, 요즘 사람들이 제일 좋아하는 이야기 전개 방식인 스토리텔링 형식을 일부 활용했습니다.

『초등 6년 읽기 쓰기가 공부다』는 초등학생 자녀를 키우는 30~40대 학부모를 메인 독자로 했습니다. 초등학생 자녀를 키우는 부모라면 공감할 만한 에피소드를 넣고, 초등학교 학년마다 읽기 쓰기와 공부를 어떻게 해야 하는지 교과과정과 맞추어서 내용을 구성했습니다.

『쉽게 배워 바로 쓰는 사회복지 글쓰기』는 현직 사회복지사 중 5년 차 미만 신입 사회복지사를 독자로 설정한 전공 서적입니다. 사회복지사 대상이기에 사회복지 전문 용어를 넣어서 작성했고, 신입 직원을 대상으로 했기에 가장 기초적인 내용부터 차근차근 알려주기 위해서 이론보다는 실제 예시와 바로 적용할 수 있는 구체적인 방법을 넣어서 책을 집필했습니다. 이렇듯 내 책의 독자가 누구인가에 따라서 사용하는 단어, 넣어야 하는 에피소드, 책 내용, 구성 방법, 어투가 달라집니다.

독자의 시장성 검토

특히 상업 출판을 염두에 둔다면 여러분이 생각하는 독자가 시장성이 있는가를 검토해야 합니다. 시장성이란, 작가가 생각하는 독자층이 이 책을, 돈을 주고 살지를 가늠해 보는 것입니다. 물론 최신 트렌드를 반영한 주제라면 평소에 책을 안 사던 사람도 책을 살 가능성이 있습니다. 책을 쓰는 작가가 인플루언서이거나 이름난 유명인이라면 작가의 이름만 보고 책을 사기도 합니다. 혹은 책 표지를 예쁘게 만든다거나, 위로 공감을 해주는 에세이류의 책은 선물용으로 구매가 촉진되기도 합니다. 그럴 때도 마찬가지로 핵심 독자 설정은 필요합니다. 즉 독자는 “내가 지금 6시간 강의를 할 수 있는 주제” 혹은 “내가 5년 뒤 전문가가 되고 싶은 분야”와 “시장성 있는 독자”의 교집합에서 찾는 것입니다.

메인 독자와 서브 독자

타깃 독자는 조금 더 구체적으로 메인 독자와 서브 독자로 나뉩니다. 메인 독자는 책의 1차 독자이고, 서브 독자는 2차 독자라고 표현합니다. 흔히 아동·청소년용 책은 실제 그 책을 읽는 사람은 아동·청소년이지만 돈을 주고 그 책을 구매하는 사람은 학부모, 교사처럼 어른들입니다. 그래서 메인 독자를 아동·청소년이라고 표현하지만, 서브 독자인 학부모, 교사를 더 염두에 두고 책을 제작합니다. 학부모와 교사들에게 어떻게 이 책을 구매하도록 할 것인가를 생각한다는 말이죠. 아동 청소년용 책의 실제 구매자인 학부모를 그림자 독자라고 표현하기도 합니다.

저도 그렇게 집필한 책이 있습니다. 『쉽게 배워 바로 쓰는 사회복지 글쓰기』는 메인 독자는 5년 차 미만 신입 사회복지사입니다. 하지만 서브 독자는 신입 사회복지사를 지도해야 하는 초보 리더로 설정하였습니다. 그래서 메인 독자가 제 책을 모르더라도, 서브 독자가 책을 읽고 지도를 하거나, 서브 독자가 메인 독자에게 선물을 할 수 있도록 설정을 한 것입니다.

타깃 독자를 꼭 개인으로만 생각해야 하는 것은 아닙니다. 『쉽게 배워 바로 쓰는 사회복지 글쓰기』의 서브 독자는 사회복지 '기관'으로 생각했습니다. 개인들은 이 책을 사서 안 보더라도, 업무용이라면 '기관' 단체 구매가 가능하겠다고 생각했습니다.

실제 강의 현장에서 제 독자를 만나보면 본인이 직접 구매를 한 경우도 있지만, 실습 슈퍼바이저가 실습 종결 선물로 구매해서 선물해 주거나, 신입직원에게 입사 선물로 구매해 준 경우를 많이 만나게 됩니다. 이렇듯 실제 구매력은 메인 독자보다 서브 독자가 더 클 수 있습니다.

딱 한 명의 독자를 설정하라

일본의 유명 편집자인 요시다 히로시는 책 쓰기의 3가지 규칙으로 "한 권의 책에서 다루는 테마는 단 하나, 한 권의 책이 겨냥하는 독자층은 단 하나, 한 권의 책이 제시하는 솔루션은 단 하나."라고 말합니다.

여러분이 생각하는 내 책을 읽을 딱 한 명의 독자는 누구입니까? 그 독자를 위해서, 그 독자를 생각하며 책 쓰기를 시작하면 됩니다. 여러분의 책이 정말 필요한 꼭 한 명의 독자를 위해서요!

준비 3단계_ 정보 수집하기

책쓰기 전 세 번째로 할 일은 '정보 수집'입니다. 사람들은 누구나 잘 알고 있는 뻔한 내용이 담긴 책을 읽고 싶어 하지 않습니다. 작가는 책을 쓰기 전에 다양한 자료와 정보를 수집해서 차별성 있으면서, 신뢰감이 담긴 책을 써야 합니다. 양질의 책을 쓰기 위해 정보 수집, 자료 조사가 필수입니다.

정보 수집이 왜 필요한가

글을 쓰기로 결심하고 주제를 정했다고 바로 글이 나오지 않습니다. 우리가 글쓰기를 할 때 첫 문장을 어떻게 써야 할지 모르겠거나, 글쓰기 첫 시작에 많은 시간이 걸리는 것, 쓸 말이 별로 없는 것은 정보 수집을 충분히 하지 않기 때문입니다.

앞에서 작가는 크게 두 가지 유형이 있다고 말씀드렸습니다. 별자리형 작가는 특정 분야에 이미 전문 지식이 있는 준비된 작가이고, 건축가형 작가는 공부하면서 전문 지식을 쌓아가며 책을 쓰는 작가입니다. 별자리형 작가는 이미 전문 지식이 있어서 내가 알고 있는 지식만 써도 책 한 권 책을 뚝딱 쓸 수 있습니다. 하지만 별자리형 작가도 정보 수집이 필요합니다. 왜냐하면 책은 한 번 인쇄하면 잘못된 정보가 있는 채로 영원히 남기 때문에, 출처와 문장과 그 말을 한 사람이 누구인지 등 한 번 더 확인하여야 합니다. 내 기억력만 믿고 썼다간 낭패가 생길 수 있습니다.

건축가형 작가도 정보 수집이 필요합니다. 잘 모르기 때문에, 알고 싶은 내용을 공부하기 위해서입니다. 아직 특정 분야의 전문가가 아니고 기존에 내가 잘하고 있는 것 중에 책을 쓸 생각이 없는 분은 지금부터 내가 알고 싶은 내용, 관심 있는 내용을 주제로 깊고 넓게 공부하면서 책을 쓰면 됩니다. 이론적인 내용을 먼저 숙지하고, 관련 경험이 병행하면서 최신 정보를 공부하면서 쓰면 독자 관점에서 더 잘 읽히는, 실용적인 책을 쓸 수 있습니다.

정보 수집은 크게 2가지로 나뉘게 됩니다. 시장조사와 자료조사입니다. 시장조사는 내가 정한 주제가 시장성이 있는지 판단하기 위한 조사 과정이고, 자료 조사는 내가 쓸 글의 재료를 찾는 과정입니다.

시장 조사

사회복지 관련 책을 예로 든다면, 시장조사를 위해 서점, 온라인 서점, 인터넷 검색, 트렌드 분석, 주변 사회복지사를 관찰하는 방법이 있습니다. 먼저 요즘 사회복지 분야 책의 트렌드가 무엇인지 서점에 가서 직접 찾아봅니다. 저는 사회복지뿐 아니라 사회문제, 사회학 영역까지 살펴보았습니다. 사회복지사 지인들은 어떤 책을 읽는지, 저자의 특징이 무엇이고, 출판사가 어디인지 살펴봅니다. 온라인 서점에서 주요 사회복지 전문 출판사에서 나온 최근 책이 어떤 주제인지, 저자가 누구인지, 판매율이 어떠한지 조사합니다. 요즘 베스트셀러 사회복지 책의 핵심 키워드가 무엇인지 보고, 사회복지사들의 블로그, 서평, 리뷰, 댓글을 검색하여 수요가 있을지를 판단해 봅니다. 이 과정에서 시장성이 있다고 판단되면 해당 주제로 책을 쓰기로 결정합니다. 시장성이 없다고 판단되면 그 주제를 버리고 새로운 주제를 찾아야 합니다. 즉 시장 조사의 목적은 주제 찾기와 주제에 대한 확증입니다.

자료 조사

자료 조사는 내가 쓸 독서법 책에 넣을 자료를 찾는 과정입니다. 대표적인 자료수집 방법은 직접 경험입니다. 개인적 경험이나 업무 경험, 여행, 체험, 현장학습 등이 있습니다. 여러분이 장애인 영역에서 오래 일했다면, 독거노인 관련 업무 경험이 많다면 여러분의 근무 경험 자체가 삶을 통한 자료 수집이었을 것입니다.

간접 경험은 신문, 뉴스, 사례 수집, 전문가 인터뷰, 설문조사, 최신 논문, 정부 보고서 등을 확인하는 방법 등이 있습니다. 글로 된 자료 외에 이미지와 영상 자료 찾기, 온라인 자료 찾기도 가능합니다. 자료 조사의 목적은 내가 쓸 글을 뒷받침해 줄 근거, 증빙을 찾아서 내 말에 대한 확증을 위해서입니다.

경쟁 도서 분석

자료 조사를 하면서 경쟁 도서 분석은 필수입니다. 예를 들어 독서법에 관한 책을 쓴다면 시중에 나온 '독서법' 책이 모두 나의 경쟁 도서입니다. '업무용 글쓰기'를 주제로 책을 쓴다면 시중에 나온 '비즈니스 글쓰기' 책이 모두 나의 경쟁 도서입니다. '직업 에세이'를 쓴다면 시중에 나온 '직업 에세이'가 모두 나의 경쟁 도서입니다. 저는 가능한 해당 키워드의 1위부터 100위까지 모든 책을 분석하라고 말합니다.

내가 할 말이 70% 이상 들어가 있는 책이 있다면 내 책이 출판되기 어려울 것입니다. 그래서 같은 분야의 책을 최소 10권 이상, 최대 100권 이상 읽어보고 나의 책에 담아야 할 내용과 담지 말아야 할 내용, 다른 책과 동일하게 강조할 것과 차별성 있게 강조할 점을 미리 계획을 세우고 목차와 원고 집필을 해야 합니다.

정보 수집은 일상에서

작가들은 자료 조사를 위해 일상에서 항상 정보 수집을 합니다. 언제나 메모할 준비를 하고 다니면서 순간순간 떠오르는 생각이나 좋은 문장, 통찰력을 주는 정보를 적어둡니다. 여러분도 일상에서 정보 수집을 하는 것이 좋습니다. 볼펜과 수첩을 언제나 가지고 다니면서 수시로 메모하거나, 핸드폰 앱에 적어두거나, 사진을 찍어두거나 동영상이나 신문 기사들을 카카오톡 나에게 보내기 기능으로 일상에서 정보를 수집하는 것입니다. 이렇게 모은 정보들은 여기저기 분산해 두면 막상 필요할 때 찾아서 사용하기 어렵기 때문에 보통은 출력하거나 복사해서 종이로 한 장소에 보관하거나, 한 개의 USB에 모두 담아서 보관합니다. 블로그의 비공개 글쓰기, 이메일 나에게 보내기도 좋습니다. 나만의 방법으로 관리를 해야 필요할 때 찾아서 사용할 수 있습니다.

정보 수집 분량

글로 먹고사는 작가들도, 몇십 년간 글을 쓴 작가들도 주제를 정하고 나면 주제에 대해 심도 있는 고민을 하면서 철저한 자료 조사를 합니다. 작가끼리 하는 말로 1장의 글을 쓰기 위해서는 100장의 글을 읽어야 한다고 말합니다. 저는 책을 쓸 주제를 정하면 가장 먼저 해당 분야의 책을 50권에서 100권 정도 읽고 책 1권을 A4 1매 분량으로 부분 필사를 하며 정보 수집 겸 글쓰기 훈련을 동시에 합니다.

출처도 함께 수집

논문, 신문, 비즈니스 저널, 통계 자료 등을 찾을 때는 가능한 최신 자료로 찾고, 신뢰할 만한 곳인지 확인하기 위해 보도 기관명과 작성자명, 발간 일시 등을 함께 수집합니다. 이때도 출처가 중요하기 때문에 찾은 링크는 카카오톡이나 이메일 '나에게 보내기'로 보내고, 출력할 수 있는 자료는 출력해서 출처와 함께 보관합니다. 출처와 함께 정보를 수집하는 이유는 무엇일까요? 바로 표절 방지를 위해서입니다. 6단어 이상 남의 글을 임의로 가져다 쓰면 표절이 됩니다. 출처를 명시하지 않으면 표절이 될 수 있기 때문에, 정보 수집을 할 때는 꼭 출처를 함께 수집해야 합니다.

준비 4단계_ 목차 구성하기

책 쓰기 전 주제 선정, 독자 선정, 정보 수집 후, 정보 수집한 내용을 바탕으로 목차를 구성하는 것이 네 번째로 할 일입니다.

목차의 역할

주제가 목적지와 같은 역할을 한다면, 목차는 책의 뼈대와 같은 역할을 합니다. 책의 전체 구성은 목차를 보면 알 수 있습니다. 목차는 책의 맛보기 역할을 합니다. 사람들은 책을 다 읽어보고 책을 구매하지 않습니다. 책 제목과 표지를 보고 책을 선택하고, 머리말과 목차를 읽고 이 책을 살지 말지, 읽을지 말지를 판단합니다. 목차는 독자에게 선택받기 위해 매우 중요합니다. 내용이 아무리 좋아도 머리말과 목차에서 선택받지 못하면 그 책은 읽히지 않습니다.

목차는 내 원고가 출판사에 선택받기 위해서도 중요한데요, 예비작가가 원고를 출판사에 투고한다고 모든 책이 상업 출판이 되는 것이 아닙니다. 출판사 편집자에 따르면 출판사에 투고되는 원고가 1,000개라고 하면, 그 수많은 원고 중 실제 책으로 출간되는 것은 1~2개라고 할 정도로 출판사 편집자에게 내 원고가 선택받기는 어렵습니다. 여러분의 목차가 출판사 편집자의 눈길을 끌어야 계약할 기회가 생기고, 여러분의 목차가 예비 독자의 눈길을 끌어야 책이 읽힐 가능성이 생깁니다. 따라서 출판사에서 예비 저자의 원고에서 첫 번째로 중요하게 살펴보는 것이 목차입니다.

목차의 표준 분량

목차는 일반적으로 40개로 구성합니다. 40개의 목차를 구성해서 목차 1개당 A4 2.5매 분량으로 작성해서 책 한 권은 보통 A4 100매 분량입니다. 목차 40개가 딱 정해진 형식은 아닙니다. 책에 따라서 목차가 30개일 수도 있고, 60개일 수도 있지만, 전통적인 분류상 40

부-장-소제목 목차 구성 예시	
1부	책쓰는 사회복지사
1장	사회복지사에서 작가로
소제목	10년 차 사회복지사 소진이 오다. 전문가의 길 책쓰기에 도전하다. 대형 출판사와 연달아 계약하다.
2장	작가가 되니 좋은 점
소제목	1. 퍼스널 브랜딩을 만드는 책쓰기 2. 몸값을 높이는 책쓰기 3. 선한 영향력을 발휘하는 책쓰기

개가 평균입니다. 목차는 PART 1, 2 혹은 1부 2부 이런 식으로 소분류를 다시 하는데요, 정해진 규칙은 없고 내용의 구성에 따라 자연스럽게 구성하면 됩니다. 보통 부, 장, 소제목 순으로 작성합니다.

100% 성공하는 전안나의 목차 구성법

저는 목차 구성 전에 설문조사를 합니다. 사회복지사들은 클라이언트 욕구 조사를 위해 설문조사를 자주 시행하고 있어서 큰 어려움 없이 설문조사를 할 수 있을 거로 생각하는데요, 일반인들에게는 설문조사가 쉬운 방법이 아닙니다. 하지만 우리는 사회복지사이기 때문에 설문조사를 할 수 있고, 또 요즘은 네이버 폼이나 구글 설문지 등을 활용해서 예전보다 더 쉽게 설문조사를 할 수 있습니다. 제가 설문조사를 한 이유는 책은 결국 사람들이 알고 싶은 궁금함을 해소해 줘야 한다고 생각해서, 사람들에게 궁금한 점이 무엇인지를 직접 물어보기로 한 것입니다. 일종의 욕구조사이지요.

『1천 권 독서법』 목차 구성을 위한 설문조사	『쉽게 배워 바로 쓰는 사회복지 글쓰기』 목차 구성을 위한 설문조사
1. 독서에 대해서 어떻게 생각하시나요? 2. 하루 한 권 책 읽기를 3년 동안 하고 있는 직장인이 있다면 궁금한 점이 무엇인가요?	1. 사회복지 글쓰기 어려움이 무엇인가요? 2. 리더로서 사회복지 글쓰기 지도를 할 때 어려운 점이 무엇인가요?

『1천 권 독서법』 책을 쓸 때는 2가지 질문으로 100명에게 설문조사를 했습니다. 독서에 대해서 어떻게 생각하는지, 하루 한 권 책 읽기를 3년 동안 하고 있는 직장인이 있다면 궁금한 점이 무엇인지를 물어보았습니다.

『쉽게 배워 바로 쓰는 사회복지 글쓰기』를 쓸 때도 2가지 질문으로 100명에게 설문조사를 했습니다. 직접 글을 많이 쓰는 실무자에게는 "사회복지 글쓰기 어려움이 무엇인지"를 물었고, 직원들이 쓴 글에 슈퍼비전을 줘야 하는 리더들에게는 "사회복지 글쓰기 지도를 할 때 어려운 점이 무엇인지"를 물어보았습니다. 이 2가지 단순한 질문에 나온 수많은 대답을 중심으로 목차를 구성하고 책을 써 나갔습니다.

여러분이 스스로 목차를 구성하기 어렵다면, 여러분이 책을 쓰고자 하는 주제에 대해 여러분의 타깃 독자에게 무엇을 알고 싶은지 물어보는 설문조사를 시행해 보세요. 내 책을 읽어줄 독자에게 꼭 필요한 책을 쓸 수 있을 것입니다.

준비 5단계_ 출간기획서 작성하기

책을 처음 쓰는 예비 작가 중에서는 출간기획서가 무엇인지 모르는 분들이 많은데요, 출판사와 상업 출판을 하기 위해서는 원고만 제출하면 안 되고, 출간기획서와 원고를 함께 제출해야 합니다. 지금까지 기획한 주제와 독자, 정보 수집, 목차 구성을 글로 정리한 것이 바로 출간기획서입니다.

예비 작가의 흔한 실수

예비 작가 중에서 출간기획서를 쓰지 않고 바로 원고를 작성하는 분들이 있습니다. 이는 목적지를 정하지 않고 운전하는 것과 같습니다. 책을 쓰기로 마음먹었다면, 원고를 쓰기 전에 먼저 출간기획서를 작성해야 합니다. 원고를 쓰기 전에 먼저 독자, 기획 의도, 목차 등을 넣은 출간기획서로 방향을 설정하면 일관되게 원고를 집필할 때 도움이 됩니다.

또, 출판사에 투고할 때 원고만 보내는 예비 작가님이 있습니다. 자비 출판은 돈만 내면 책을 제작해 주기에 상관없지만, 상업 출판을 하기 위해서는 출간기획서를 함께 보내야 합니다. 출간기획서는 책을 집필하는 작가 스스로 방향을 잘 정하고 일관되게 집필하는 데 필요함과 동시에, 우리 책을 출판해 줄 편집자에게도 필요합니다.

출간기획서를 작성하는 이유

작가가 아무리 책을 잘 써도 상업 출판으로 독자를 만나기 위해서는 먼저 편집자에게 선택이 되어야 합니다. 대형 출판사는 출판사 이메일로 매주 수백 개가 넘는 원고가 투고된다고 합니다. 원고는 분량이 100매여서 일일이 다 읽어보려면 출판사 편집자로서는 힘들겠지요? 그래서 출판사의 편집자들은 원고를 읽기 전에 먼저 출간기획서를 읽어봅니다. 출간기획서가 마음에 들면 원고를 읽고, 출간기획서가 마음에 안 들면 원고를 읽지 않습니다. 편집자에 의해 출간기획서가 선택받으면, 회의를 거쳐 작가에게 출간 제안을 하게 됩니다. 반대로 편집자에 의해 출간기획서가 선택을 못 받으면 원고도 읽어보지 않고 휴지통으로 보내버린다니 출간기획서가 얼마나 중요한지 알겠지요?

출판사 편집자를 사로잡는 출간기획서

예비 작가는 원고가 제일 중요하다고 생각하지만, 사실은 출간기획서가 우리의 첫인상이 됩니다. 원고를 출판사에서 꼼꼼히 살펴보고 계약한다고 생각하지만, 때로는 출간기획서만으로 계약이 되기도 합니다.

저도 원고를 다 쓴 후 계약을 한 적도 있지만, 원고를 하나도 쓰지 않고 출간기획서만 작성해서 계약을 해본 적이 몇 번 있습니다. 청소년을 위한 사회복지사 직업 소개 책인 『사람과 사회를 연결하는 사회복지사』은 출간기획서만 보냈는데 계약하자고 연락이 와서 미팅을 진행해서 바로 계약했습니다. 9명의 사회복지사의 퍼스널 브랜딩 사례를 담은 『나 브랜드 사회복지사』 책은 담당 편집자가 말하길 출간기획서를 읽고서 바로 미팅을 잡았다면서, 출간기획서만 읽어봐도 책이 너무 궁금해지고 계약하고 싶은 마음이 들었다는 피드백을 받았습니다. 커뮤니케이션북스와 낸 『AI와 직장인 글쓰기』도 출간기획서로 선계약 후 책을 집필하였습니다. 출간기획서를 매력적으로 작성하면 사전 출판 계약을 할 수 있다는 뜻입니다.

출간기획서 표준 구성과 분량

출간기획서는 출판사별로 지정 양식이 있는 경우가 있고, 자유 양식으로 작성하는 경우가 있습니다. 출판사마다 조금씩 요청하는 구성이 다르기는 하지만, 크게 보면 비슷합니다. 책 제목, 저자 소개, 책 분야, 대상 독자, 기획 의도 및 시장분석, 출간 후 홍보활동, 목차, 원고 일부 등입니다.

전안나의 출간기획서 예시	
1. 책 제목	5. 기획 의도와 시장분석
2. 저자 이름, 소개, 연락처	6. 출간 후 홍보활동
3. 책 분야, 핵심 내용 요약	7. 목차
4. 대상 독자	8. 원고의 일부

위의 예시 순서대로 출간기획서 작성법을 알려드리겠습니다.

책 제목

책 제목은 가제목을 말합니다. 책의 내용을 시각적으로 0.3초 안에 이해할 수 있도록 직관적으로 작성합니다. 책 제목은 1개만 적지 않고, 보통 5개 내외로 적습니다. 이렇게 작가가 정한 책 제목이 그대로 실제 책의 제목이 되는 것은 아닙니다. 최종 책 제목은 출판사에서 편집자 회의를 통해 결정되지만, 작가 자신도 여러 가지 '가제'로 제안해 봄으로 편집자에게 책의 내용을 즉시 알 수 있도록 작성합니다.

『1천 권 독서법』 예시
"직장인 1일 1독, 5년 실천 독서법" "직장인 1일 1독, 1천 권 실천기" "직장인 1일 1독 - 1천 권 프로젝트"

『쉽게 배워 바로 쓰는 사회복지 글쓰기』 예시
"야근을 줄여주는 사회복지사 실천 중심 글쓰기 기술" "사회복지사 글쓰기 역량 강화 교육" "사회복지 문서 작성의 비밀" "사회복지 업무용 글쓰기의 모든 것"

저자 소개

저자 소개 부분에서는 이력서처럼 나의 모든 것이 다 적는 것이 아니라, 해당 원고와 관련된 전문성을 부각해서 관련 있는 학력, 경력, 자격증 등을 기록합니다. 예를 들어 부모 교육책이라면 부모 교육에 대한 경력이나 경험, 아동 청소년 지도 경험과 지도 결과 어떤 성과가 있었는지 등을 강조하고, 독서법 책이라면 독서에 대한 경험이나 독서 관련 전문성을 입증할 수 있는 자격증 등을 강조하는 것이 좋습니다. 그래서 책의 분야가 달라진다면 저자 소개도 다르게 작성합니다.

『1천 권 독서법』 예시
14년 차 직장인이자 두 아이의 엄마. 하루 한 권 3년간, 1천 권을 읽었다. 오랫동안 몸 바쳐온 직장 생활에 대한 회의, 더 좋은 엄마가 되지 못하는 자신에 대한 불만 등이 겹치면서 우울증과 식욕 부진, 불면증에 시달렸다. 정말 죽을지도 모른다는 두려움에 시달리던 중 기적처럼 독서의 기쁨을 알게 되어 하루 한 권 책을 읽기 시작했다. 처음 100권을 읽자 불면증이 사라졌고, 300권을 읽자 미웠던 남편과 시어머니가 이해되고 관계도 좋아졌다. 500권을 읽자 삶에 대한 의욕이 다시 타올랐고, 800권을 읽자 책이 쓰고 싶어져 글을 쓰기 시작했다.

『쉽게 배워 바로 쓰는 사회복지 글쓰기』 예시
18년 차 현직 사회복지사이자 베스트셀러 작가인 전안나입니다. 종합사회복지관 총무팀 회계 담당자로 첫 업무를 시작했고, 이후 아동·청소년·가족 복지 업무, 가정폭력 전문 상담소 개소 멤버, 구립 지역아동센터 개소, 총무팀장과 총괄과장으로 보건복지부 평가·재위탁 업무 등 사회복지 행정업무를 다년간 수행했습니다. 대외적으로는 여러 대학교에서 제작한 대학생 대상 실습 매뉴얼과 재단과 학회에서 발간한 비매품 자료집 집필진으로 십여 차례 참여하는 등 다양한 사회복지 업무용 글쓰기를 해보았습니다. 사회복지 글쓰기 외에도 상업 출판사를 통해 『1천 권 독서법』, 『기적을 만드는 엄마의 책 공부』, 『초등 하루 한 권 책밥 독서법』 등 여러 권의 베스트셀러를 집필한 작가이기도 합니다.

책 분야

책 분야는 도서관이나, 서점에 있는 유사도서와 비교하여 어떤 분야의 책인지를 알려줍니다. 대표적인 책 분야는 경제 경영, 자기 계발, 에세이, 문학, 인문, 교양, 역사, 자연과학, 예술, 정치, 어린이 비문학, 마케팅, 대학 교재, 유아 어린이, 실용 취미 건강, 여행, 기타 등으로 나뉩니다. 책 분야에 아동 학대, 소진, 정신 재활, 학교사회복지, 노인복지, 장애인복지, 사회복지, 직업 에세이, 독서법, 직업 소개서 등 책의 핵심 키워드를 같이 작성해도 좋습니다. 꼭 1개 분야로만 명시할 필요는 없고 여러 분야에 걸쳐있는 책이라면 여러 분야를 작성합니다.

『1천 권 독서법』 예시
직장인 자기계발서, 독서법, 실용서

『쉽게 배워 바로 쓰는 사회복지 글쓰기』 예시
전공서적, 사회복지, 글쓰기, 실용서, 문서작성, 사회복지 행정

대상 독자

이 책의 특정 독자, 타깃 독자가 누구인지 서술합니다. 책을 작성하기 전에 작가가 설정한 독자를 적는데요... 여성, 남성, 청소년, 성인, 노인 등 특정 성별이나 나이로 표시하기도 하고, 초등 자녀를 둔 학부모, 발달장애아동을 키우는 엄마, 1인 중년 빈곤 가구, 20~30대 전세 세입자 등 인구 사회학적 특징을 표시하기도 합니다.

『1천 권 독서법』 예시
책을 읽고 싶지만 시간이 없는 20~40대 직장인

『쉽게 배워 바로 쓰는 사회복지 글쓰기』 예시
메인독자: 1~5년 차 신입 사회복지사 서브독자: 업무용 글쓰기 슈퍼비전이 어려운 리더

집필 의도와 시장 분석

집필 의도에서는 경쟁 도서를 읽고 분석한 내용을 작성합니다. 출판사 편집자들이 내 책의 경쟁 도서를 다 읽을 시간이 없기 때문에, 시중에 나와 있는 책 중 비슷한 분야의 책을 최소 10권 정도 읽고 나서 기존 책과 내 책의 차이점, 셀링 포인트 등을 적습니다. 그러기 위해서는 정보 수집 단계에서 나의 경쟁 도서를 읽고 분석해야겠지요? 기존에 나온 책 중 같은 분야 책, 독자가 겹치는 책, 저자가 같은 직업인 책, 주제가 비슷한 책과의 차별성과 내 책의 장점을 적습니다. 그리고 저자가 어떤 의도에서 이 원고를 집필하였는지 집필 계기, 책의 핵심 내용을 간략히 기록합니다.

『1천 권 독서법』 예시

한국의 자기 계발 시장은 일본과 미국과 비교했을 때 앞으로 더 성장 가능성이 있는 시장이다. 한국은 독서량이 적은 나라로 자주 보도되지만, 기존 출판된 독서법 도서를 통해 관심 독자층이 형성되어있다. 하지만 주로 전업 작가나 전업 작가가 되기 위한 예비 작가, 자기 계발 강사들이 쓴 책으로, 직장인이면서, 대학원을 다니는 샐러던트이면서, 자녀를 양육하는 워킹맘으로 다독을 실제로 실천 한 책이 별로 없다. 또한 책을 많이 읽으라고 권유하는 책은 있지만, 직장을 다니면서 햇수로 5년, 만 3년 8개월 동안 하루 한 권 책을 읽은 사람은 별로 없다.본 책은 직장인이 일상 생활 –직장, 자녀 양육, 대학원–을 하면서 하루 한권 1,000권 읽은 실천 노하우 및 독서지도사 자격증을 취득하면서 배운 독서에 대한 지식을 바탕으로 실질적인 도움이 되는 정보를 제공하는 도움서이다.

본격적으로 책을 쓰기 전에 독서와 다독에 대해 어떻게 생각하는지에 대해 파악하기 위해 설문조사를 시행했다. 독서와 다독에 대한 2가지 개방형질문으로 설문조사를 했고 모두 105명이 응답해 주었다. 질문은 모두 2가지였다. 첫 번째 질문은 "책읽기, 독서하면 무슨 생각? 느낌이 드는지 자유롭게 말해주세요"라는 질문이었고 모두 7개 분야 174개의 응답이 도출되었다. 두 번째 질문은 "하루 한 권 책읽기를 실천하고 있는 사람이 있다. 물어보고 싶은 질문은 무엇인가요?"라는 질문이었고 모두 14개 분야 287개의 응답이 도출되었다. 이 책을 통해 독서와 다독에 대한 105명의 461개의 의견을 기반으로 목차와 세부 내용을 구성하여서 일반 독자들의 궁금해 하는 점을 명쾌하게 해소해 주는 책이 될 것이다.

『쉽게 배워 바로 쓰는 사회복지 글쓰기』 예시

집필 의도

-사회복지사 업무 중 '사회복지 글쓰기' 업무는 클라이언트 서비스 제공 다음으로 중요하고, 투여 시간으로는 클라이언트 서비스 제공보다 더 많은 시간이 투여되지만, 사회복지 글쓰기를 배우지 못하고 현장에 투입되어 야근과 소진의 원인이 되고 있다.

-업무용 글쓰기를 배워본 적이 없는 초보 사회복지사를 위해, 글쓰기에 대해 폭넓고 다양한 이해를 돕는 설명과 양식/샘플 제공으로 업무 시간 단축 및 업무능력 향상 지원하고자 한다. 초보 사회복지사를 지도해야 하는 선임 사회복지사에게도 글쓰기 지도의 기초가 되는 교재로 활용할 수 있다.

시장 분석

-업무용 글쓰기 분야 책 중 '사회복지사'의 업무용 글쓰기에 관한 책은 없다. 시중에 나와 있는 책들은 일반 기업에서 일하는 직장인 글쓰기 혹은 개인의 취미 글쓰기용 책으로 본 책은 사회복지사에 특화된 유일한 책이다.

-이 책은 개인 독자를 대상으로 하지만, 예비 사회복지사 대상 대학 교재나, 사회복지 기관별 스터디용으로 단체 구매 수요가 있다.

책 판매를 위한 계획

책 판매를 위한 계획은 말 그대로 저자가 책 판매를 위해 어떤 노력을 할지를 적어주는 항목입니다. 작가들이 잘 모르는데, 출판사에서 목차 다음으로 중요하게 보는 두 번째 항목이 바로 이 부분입니다. 작가가 스스로 홍보할 수 있는 항목을 자세히 적어주세요. 강사라면 강의하는 주요 대상과 강의 주제, 강의 빈도 등을 넣고, 블로그 · 페이스북 · 인스타그램 · 유튜브 · 브런치 등 SNS를 한다면 이웃 수 등을 적습니다. 그 외에 출간 후 강의 계획, 출간 기념회, 유명인 추천사, 유명인 SNS 노출 등이 가능하다면 적습니다.

『1천 권 독서법』 예시

추천사 3인 섭외되어있음
  추천사 1. 000 교수
  추천사 2. 000 이사
  추천사 3. 000 변호사
보건복지부 법정 필수교육 강사와 인권교육 강의 (1회 80명)

『쉽게 배워 바로 쓰는 사회복지 글쓰기』 예시
1. 연간 강의 250회 이상: 직장인 업무용 글쓰기, 성인 독서법, 성인 글쓰기, 자녀 독서 지도법, 독서토론 진행 등으로, 전국 도서관, 문화센터, 독서모임, 사회복지 기관 출강 가능 2. 각종 SNS 홍보: 네이버 카페 책글 사람 운영자, 개인 블로그, 페이스북, 인스타그램 이웃 약 1만 명 3. 홍보활동 경험 다수: 강의 시 홍보용 포스트잇 제작하여 배부, 카카오 채널로 홍보 문자 발송, 각종 밴드/지인 개별 홍보, 자체 출간 기념 이벤트, 출간 기념회 진행 가능

목차

출판사 편집자가 가장 눈여겨보는 곳이 바로 목차입니다. 목차가 시선을 끌지 못하면 독자들은 이 책을 읽지 않을 것이기 때문에 목차만 봐도 궁금하고, 책을 읽고 싶은 마음이 들도록 목차를 구성하는 것이 좋습니다. 목차 전체를 넣어주세요.

원고 일부

이미 작성한 원고가 있다면 출간기획서에 30% 정도 원고를 첨부하는 것도 좋습니다. 목차 1번부터 순서대로 첨부하지 말고, 제일 자신 있게 잘 쓴 부분이나 남들과 다른 차별성이 있다고 생각되는 원고 중심으로 20장에서 30장 정도 첨부하여 글의 스타일이나 흐름을 보여주는 것입니다.

주제 선정, 독자 선정, 정보 수집, 목차 구성을 넣어 출간기획서 작성이 되었다면 책쓰기 준비가 다 된 것입니다.

04

책쓰기 2단계
집필하기

- 독자가 읽고 싶은 베스트셀러 원고 쓰기 -

출간기획서 작성이 끝났다면 원고 쓰기에 들어갑니다.

원고 쓰기 전 마음가짐과, 책 원고 작성 기본 형식,

베스트셀러 작가의 원고 잘 쓰는 비법 9가지를 알려드리겠습니다.

비법 1. 원고 쓰기 3대 마음가짐

책 원고를 작성하기 전 출간기획서를 내비게이션이라고 생각하고, 책상에 붙여넣고 원고 작성을 시작합니다. 책 원고를 쓸 때 먼저 가져야 하는 마음은 "책쓰기는 쉽지 않다. 우선순위 정하기. 3개월 안에 끝내기" 3가지입니다.

책 쓰기는 쉽지 않다는 각오

"평생 책을 한 권 써보고 싶다."가 많은 사람의 버킷리스트에 있지만 달성하지 못하는 것은 책쓰기가 힘들기 때문입니다. 책을 쓰는 일은 쉽지 않습니다. 힘듭니다. 책쓰기가 쉬울 거라고 생각해서 도전하는 사람은 없습니다. 책 쓰기가 힘들기 때문에, 사람들이 잘하지 못합니다. 아무나 못 하는 것이기에, 우리는 책을 써야 합니다. 힘들 각오를 하고 시작해야 합니다. 하지만, 이 힘듬은 금방 끝납니다. 책쓰기는 1년, 3년, 5년, 10년이 걸리지 않습니다. 기획부터 출판까지는 6개월, 원고 쓰기는 3개월이면 할 수 있으니 딱 6개월만 각오를 해야 합니다.

원고는 3개월 안에 끝낸다

작가들은 보통 책을 쓸 때 "첫 단어를 쓴 시점부터 3개월 안에 초고 작성을 끝내야 한다"라고 말합니다. 사람의 생각은 자꾸 변하기 때문에 3개월이 지나면 내가 쓴 글이지만 '그때 내가 왜 이렇게 썼을까?'라고 생각하면서 앞부분을 고치느라 뒷부분까지 원고 작성을 끝내지 못하는 경우가 많습니다.

일단 처음에는 A4 100매 분량을 채울 때까지는 글을 고치지 말고, 목차에 따라 3개월 동안 집중해서 작성해야 원고를 끝낼 수 있습니다. 시간을 길게 끈다고 잘 쓰는 것이 아니라는 것, 초고 작성은 3개월 안에 끝내야 한다는 것 기억하세요. 저도 직장 다니고, 아이 2명을 키우면서 1년에 1권씩 책을 썼는데요, 만약 1년 내내 책을 써야 한다면 이렇게 못 할 것입니다.

첫 책 『1천 권 독서법』은 출간기획서부터 최종 원고까지 6주 만에 썼습니다. 2번째 책부터 14번째 책도 첫 글자부터 마지막 글자까지 4주 안에 초고속으로 원고 작성을 끝냅니다. 저는 작년과 올해는 2년 동안 책을 7권을 썼는데요, 1년에 강의를 250번 이상하면서도 책 쓰기가 가능한 것은 4~6주 안에 초고 작성을 끝내기 때문입니다. 첫 단어 시작부터 3개월 이내 원고 작성을 끝내는 것, 기억해 주세요.

우선순위 정하기

책쓰기를 남는 시간에 하면 죽기 전까지 성공할 수 없습니다. 먼저 책을 쓰고 남는 시간에 다른 일을 하는 것입니다. 저는 첫 책 『1천 권 독서법』 책을 쓸 때 주 40시간 직장을 다니고, 초등학생 유치원생 아이 2명을 키우면서, 하루 한 권 책 읽기를 하는 상황이었습니다.

그렇지만 책을 꼭 쓰고 싶어서, 수면시간을 줄이기로 결심했습니다. 책을 쓰는 동안에는 모든 저녁 약속과 주말 휴가, 여행, 휴식을 접어두고 책을 썼습니다. 저의 평균 글쓰기 속도는 1시간에 1장입니다. A4 1장의 글을 쓸 때 평균 1시간이 걸리기 때문에, 100장을 쓰기 위해서는 100시간이 필요했습니다. 책을 쓸 시간을 어떻게 만들지 고민하며 시간 계획표를 적었습니다.

매일 책쓰기 시간 만들기 예시

월 ~ 금	6:00~7:00 23:00~24:00	월~금 2시간×5일=10시간
토 ~ 일	6:00~7:00 18:00~24:00	토~일 7시간×2일=14시간
합계	1주일에 24시간 * 5주=120시간	

첫 책을 쓸 때는 주중에 매일 아침 1시간과 매일 저녁 자기 전 1시간을 책 쓰는 시간을 설정했습니다. 물론 9시부터 18시는 기관에서 일을 했고, 그 시간 외는 가사 노동과 육아를 했습니다. 주말에는 아침부터 저녁 식사 전까지는 집안일과 종교활동, 아이들과 보냈고, 가족 저녁을 차려주고 저녁 18시부터 24시까지 6시간을 책 쓰는 시간으로 정했습니다. 이렇게 하면 주중에는 10시간, 주말에는 14시간을 만들 수 있고, 5주를 반복하면 120시간을 만들 수 있습니다. 120시간 중 100시간은 초고를 작성하는 데 사용하였고, 나머지 20시간 동안은 내가 쓴 글을 고쳤습니다.

매일 책쓰기 시간 만들기 예시

월 ~ 금	19:00~22:00	월~금 3시간×5일=15시간
토 ~ 일	9:00~12:00 13:00~18:00 19:00~21:00	토~일 10시간×2일=20시간
합계	1주일에 35시간×4주=140시간	

두 번째 책을 쓸 때부터는 딱 한 달 동안 저녁이나 주말에 아무 약속이나 미팅을 잡지 않고, 평일에는 퇴근 후 7시부터 10시까지 3시간, 주말에는 아침 9시부터 저녁 9시까지 책 쓰는 시간으로 정했습

니다. 평일에 해야 하는 당직은 전달에 미리 당겨서 하거나, 책쓰기 끝난 다음 달로 변경하면서까지 책쓰기에 집중했습니다. 이렇게 하면 주중에는 15시간, 주말에는 20시간을 만들 수 있고, 4주를 반복하면 140시간을 만들 수 있습니다. 140시간 중 100시간은 원고 초고를 작성하는 데 사용하였고, 나머지 40시간 동안은 내가 쓴 글을 고쳤습니다.

6개월 뒤면 여러분도 작가

제가 책을 여러 권 내서 저만 이렇게 빨리 쓴다고 생각할 수 있는데요, 예비 작가의 책쓰기 컨설팅 할 때도 전체 컨설팅 기간을 6개월로 한정합니다. 출간기획서부터 원고 작성, 투고, 계약을 진행해서, 6개월이면 여러분도 작가가 될 수 있습니다.

전안나 책쓰기 개별 컨설팅 진행 일정

구분	내용
1개월 차	주제/독자/분야 협의
2개월 차	자료조사, 출간기획서 작성, 검토 및 피드백
3~5개월 차	주 1회 초고 제출, 주 1회 초고 피드백
6개월 차	원고 개별 첨삭, 원고완성, 투고와 계약 지원

책쓰기 컨설팅할 때 처음 한 달은 출간기획서만 고민해서 작성하도록 합니다. 두 번째 달에는 작가의 전문성을 살리면서도 상업 출판이 가능한 지점을 찾아서 출간기획서의 부족한 부분을 첨삭하여 출간기획서를 완성합니다. 출간기획서 최종본이 작성되면 이제 원고 쓰기에 들어갑니다. 매주 작성 분량을 협의 후, 주 1회 원고 제출을 과제로 줍니다. 1주일 기준으로 10매, 15매, 20매 등 작가 스스로 세운 목표대로 원고를 작성하면 6주에서 10주 후 원고가 완성됩니다. 원고를 정밀 검토 후 첨삭을 해서 원고 수정에 들어갑니다. 최종 원고를 출판사에 투고하면, 6개월 안에 책쓰기가 끝나게 됩니다.

이렇게 책을 쓰는 건 취업 준비생이나, 미혼이나, 자녀가 없는 사회복지사만 가능한 거 아니야? 라고 생각할지 모르겠습니다. 아닙니다. 그동안 책쓰기를 도와준 50여 명의 작가들 모두 여러분처럼 현직 사회복지사입니다. 미혼도 있지만, 기혼도 있고, 자녀가 없는 분도 있지만, 자녀가 있는 분이 더 많았습니다. 현직에서 근무하면서 강의를 하는 분도 있습니다.

여러분이 현재 직장을 다니고 있거나, 워킹맘이거나, 워킹대디여서, 강의하고 있어서 책을 못 쓸 이유는 없습니다. 우리는 모두 24시간을 살고 있습니다. 어떻게 책을 쓸 시간을 만들 것인가 여러분의 시간표를 한번 들여다봐야 할 때입니다.

책쓰기 기획부터 주제와 독자 분야 협의, 자료조사, 출간기획서 작성에 1~2개월, 원고 집필에 2~3개월, 원고 수정 및 투고와 출판사 미팅에 1개월로 시간 계획을 세우면 여러분도 6개월 뒤에 작가가 될 수 있습니다.

비법 2. 원고 작성 표준 분량

책쓰기를 위한 원고 작성의 표준 분량을 알아보겠습니다.

주제

책 전체의 주제는 1개입니다. '직장인 독서법', '사회복지사 글쓰기', 'AI와 사회복지 글쓰기', '소규모 시설장을 위한 리더십', ' 총무팀 사회복지사를 위한 실용서' , '사회복지사 책쓰기' 등 책 1권에는 1개의 주제가 담겨야 합니다.

원고 분량과 글자 수

원고 총 분량은 A4 100매이고, 목차 1개당 A4 2.5매 분량, 목차 40개로 작성합니다. A4 100매는 원고지로는 약 800매~900매 분량입니다. 예전보다 점차 책의 두께가 얇아지는 추세가 있어서 에세이 같은 경우는 A4 60매 이상에서 80매 정도로 작성하는 경우가 많고, 목차도 30개에서 60개 정도로 자유로운 편입니다. 제가 그동안 집필한 책의 글자 수를 살펴보니 에세이는 10만 자 내외, 자기계발서나 실용서는 15만 자 내외로 집필하였습니다.

원고 분량과 글자 수는 일반적으로는 딱 정해진 분량은 없지만, K

출판사의 경우 서문은 원고지 20매, 각 장 도입문 200자, 각 장 본문은 원고지 10매, 저자 소개 글은 300~400자로 집필 안내서에 지정해서 알려주기도 합니다.

작성 도구

요즘에는 수기로 원고를 작성하지 않습니다. 이름난 작가 중에는 지금도 수기로 원고를 작성하고 출판사 편집자가 워드로 바꾸는 작업을 하기도 하지만 일반적으로는 컴퓨터로 작성한 원고를 홈페이지나 이메일로 제출합니다. 출판사에서 가장 많이 사용하는 HWP 문서로 여백이나 글 간격도 기본형 그대로 작성합니다.

서술어

서술어는 "~이다", "~입니다", "~어, ~야" 크게 3가지 종류를 사용합니다. "~입니다"의 말투는 구어체로 편안하고 친절한 느낌, 따뜻한 권유로 자기계발서, 에세이 등에 많이 사용됩니다. 지금 이 책도 "~입니다" 말투로 작성하고 있습니다.

『쉽게 배워 바로 쓰는 사회복지 책쓰기』 "~입니다" 말투
작가 사회복지사 전안나입니다. 사회복지를 전공하고 10년 넘게 사회복지사로만 일하던 제가, 책을 쓰게 된 계기는 소진입니다.

"~이다"의 말투는 문어체로 작가의 권위, 자신감, 결론, 단호함이

느껴져서 전공서, 실용서 도서 집필 시 많이 사용됩니다. 책글사람 출판사에서 발간한 도서 중 전문 서적용으로 발간한 『사회복지 어휘력 수업』 저서에서는 "~이다"의 말투로 자신감 있게 작성하였습니다.

『사회복지 어휘력 수업』 "~이다"의 말투
장애 유형 중 신체장애를 제외하면 정신적 장애로 분류한다. 정신적 장애는 발달 장애와 정신장애로 나뉘게 되는데, 발달장애는 장애 분류상 지적 장애와 자폐성 장애를 통칭하여 부르는 용어이다.

"~어.~야"는 구어체로 친구 같은 동등한 느낌이 들어서 아동, 청소년 대상 책에서 사용됩니다. 책글사람 출판사에서 발간한 도서 중 청소년 독자를 대상으로 한 『가출 쫌 해본 이광연』 저서에서는 친근감을 나타내기 위해서 반말로 원고를 작성했습니다.

『가출 쫌 해본 이광연』 "~어.~야" 말투
안녕, 나는 이광연이야. 우리 가족은 5명이야. 식구가 좀 많지? 엄마, 아빠, 형, 여동생 그리고 나까지 총 다섯 식구 중 둘째로 태어났어.

글씨 크기

글씨 크기는 10포인트, 줄 간격 160%가 기본형입니다. 글을 작성할 때는 더 큰 포인트로 작성해도 되지만, 최종 편집 과정에서는 10포인트로 편집해서 보냅니다. 글씨 크기에 따라 총 원고 분량이 달라

보일 수 있기 때문에 규격화된 양식으로 총 원고 분량을 살펴보기 위해 통일해서 보내는 것입니다.

표와 그래프, 사진 넣기

복잡한 내용은 표나 그래프로 작성해서 넣으면 가독성이 좋아 보입니다. 다만 표나 그래프를 넣을 때는 그림만 넣으면 안 되고 표와 그래프의 내용을 글로 풀어서 작성해서 넣어야 합니다. 표의 내용만 보고 이해를 못 하는 분도 있고, 표를 보지 않는 분도 있어서 표를 해석하여 한 번 더 글로 적어주는 것입니다. 표나 그래프는 디자이너가 다시 새로 그리기 때문에 이미지 파일을 넣지 말고, 한글 문서에서 표 그리기로 정확하게 직접 그려서 넣어주세요. 책에 사진을 넣고 싶다면 원본사진 파일을 저장하였다가 편집자에게 따로 전달해야 합니다. 사진이나 표를 넣었을 때는 출처와 간단한 설명을 함께 작성합니다. 대부분의 출판사는 가독성을 위해 표, 그래프 등을 넣어서 책을 제작하지만, 특정 출판사의 경우 표, 그래프, 사진을 원고에서 제외한다고 명시하기도 합니다.

부호, 영자, 한자 표기 방법

숫자는 아라비아 숫자로 적습니다. 가독성을 위해 부호, 약자, 외국어는 가능한 한 사용하지 않습니다. 외국어를 사용해야 할 때는 "아이엘Independent Living:IL"처럼 한글 표준어로 작성하고, 외국어는 괄호( ) 안에 적는데 약자는 대문자로, 그 외 글자는 소문자로 적습니다. 한자 표기 시에는 "사랑 애 愛, 희롱할 완 玩"처럼 한글로 뜻과 발음을 먼저 작성하고 한자어를 적습니다. 법령, 논문 제목, 기사 제목은 「정신건강복지법」처럼 홑꺽쇠로 표기합니다. 발간된 도서와 학술지, 잡지, 신문 등은 『쉽게 배워 바로 쓰는 사회복지 글쓰기』처럼 겹꺽쇠 문장 부호를 사용합니다.

비법 3. 원고 잘 쓰는 방법 1_ 자료 조사

글을 쓸 때 할 말이 없어서, 어떻게 시작해야 할지 몰라서 노트북과 눈싸움을 하고 앉아 있는 분들이 많습니다. 그런데 노트북 화면을 째려본다고 쓸 말이 떠오르는 것은 아닙니다. 작가들은 글을 쓰기 전에 충분히 자료조사를 하고 글쓰기를 시작합니다. 베스트셀러가 되는 원고를 쓰기 위해서는 "이 정도까지?" 싶을 정도로 자료조사를 해야 합니다.

작가가 고생해야 독자가 행복하다

"작가가 고생해야 독자가 행복하다."는 말이 있습니다. 책을 쓰기 위해 치열한 시간이 필요합니다. 가브리엘 가르시아 마르케스가 말하길 "글쓰기란 인생에서 가장 외로운 작업이다."라고 했습니다. 책쓰기를 시작하면 혼자 외딴섬에 있는 기분이 들 것입니다. 저와 함께 책을 쓴 예비 작가님들이 공통으로 하는 말이 있습니다. 책을 쓰기 전에는 '내가 책을 쓸 수 있을까?', '내 책을 누가 사서 봐?', '책 좀 읽었다고 책 쓰면 누가 못 쓰겠냐?'라고 스스로를 의심하다가 책쓰기를 시작하면 "내가 무슨 부귀영화를 누리려고 이렇게 밤

늦게까지 책을 쓰고 있나", "이렇게 공부할 줄 알았으면 대학원이나 갈걸", "하도 컴퓨터를 붙잡고 있었더니 눈이 침침해요.", "원고를 계속 봤더니 이제 원고를 다 외울 것 같아요"라고 힘듬을 토로합니다. 그런데 작가의 그 치열함이 있어야 독자가 좋은 책을 만나게 됩니다. 독자가 읽고 싶어 하는 책을 쓰기 위해 작가가 고생하는 게 당연한 겁니다.

자료 조사 예시 1_ 경쟁 도서 분석

저는 19년간 사회복지사로 일하면서, 6년은 작가를 겸직했습니다. 사회복지사로 일하면서도 1년에 1권씩 총 6권의 책을 발간했는데요, 책을 계속 낼 수 있었던 비결로 '독서'를 꼽습니다. 하루 한 권 책 읽기를 11년째 하고 있기 때문에, 1년에 최소 200권 이상의 책을 읽습니다. 200권의 책을 읽으면 책을 읽는 것 자체가 정보 수집이 되기 때문에 원고에 쓸 말이 차고 넘칩니다. 책을 쓰기 위해 정보 수집으로 독서를 할 때는 경쟁 도서를 하나도 빠짐없이 모두 다 읽어본다는 마음으로 읽어야 합니다.

『1천 권 독서법』 책을 쓸 때 하루 한 권 책 읽기는 3년을 해본 경험은 있지만, 독서에 대한 전문 지식은 없었습니다. 나 개인의 경험으로만 책을 쓰기에는 전문성이 부족하다는 생각이 들어서 독서법에 관한 책을 100여 권 읽었습니다. 여러 사람이 쓴 독서법 책을 읽으니 내가 하는 독서법이 어떤 차별성이 있는지 남들과 다른 나의 차이점을 알 수 있었습니다. 지금도 저는 책 쓸 분야를 정하면 그 분야의 책을 무조건 다 읽는다는 마음으로 전투적으로 책을 읽습니다. 일단 읽으면서 생각을 정리해 갑니다. 만약 여러분이 경쟁 도서를 한 권씩 정독할 시간이 없다면 최소한 책 제목, 작가의 전문성, 목차만이라도 분석하며 읽어야 힙니다.

자료 조사 예시 2_ 교육 수강과 자격증 취득

『1천 권 독서법』 책을 쓸 때 저는 책을 좀 읽어본 아줌마에 불과했습니다. 그래서 독서토론 지도사, 독서지도사, EBS 교과 독서 지도 강사 등 관련 분야 자격증을 취득하면서 전문성을 쌓았습니다. 자격증 취득 공부를 하다 보니 경험이 아닌 이론적인 기반을 쌓을 수 있었고 내 독서법의 장단점과 이론적 근거를 알 수 있어서 차별성과 객관성, 전문성을 갖춘 책을 쓸 수 있었습니다.

『쉽게 배워 바로 쓰는 사회복지 글쓰기』 책을 쓰기 전 스스로 자격지심이 들었습니다. 저는 국어국문학과를 나온 글쓰기 전문가도 아니고, 사회복지행정론 교수도 아닌, 그냥 일개 복지관 과장이었습니다. 체계적인 글쓰기 교육을 한번 들어봐야겠다 싶어서 찾아보니 그 당시 사회복지계에서 '글쓰기' 키워드로 강의를 하는 사람은 저밖에 없었습니다. 그래서 일반 직장인 대상 비즈니스 글쓰기 강의를 들었습니다. 또 신문 기자와 국어국문학과 출신 전문가들의 업무용 글쓰기, 논리적 글쓰기, 짧은 글쓰기에 대한 교육을 들었습니다. 그래도 부족한 생각이 들어 방송통신대학교 국어국문학과에 편입해서 온라인 수업을 수강하면서 책을 집필했습니다.

『AI 사회복지 글쓰기』와 『AI와 직장인 글쓰기』 책을 쓸 때는 여러 교육기관의 챗 GPT 강사 양성, 챗 GPT 자격증 과정을 이수하였습니다. 전문적인 강의도 있었고, 온라인으로 진행하는 형식적인 강의도 있었지만 제가 잘 모르는 IT와 생성형 AI에 대해 자격증을 보유하고 있다는 것이 전문성을 뒷받침해 주는 자신감을 느끼게 하였습니다. 내가 자격증을 취득하면서 배운 내용 중 사회복지사들이, 직장인이 AI로 글쓰기를 위해 꼭 알아야 하는 것만 요약 정리하니 눈높이에 맞는 책을 쓸 수 있었습니다.

자료 조사 예시 3_ 목적을 가진 자료 수집

『쉽게 배워 바로 쓰는 사회복지 글쓰기』 책은 다년간 실습생과 신입 직원을 지도해 본 경험이 있고 책도 집필을 해봤지만, 종합사회복지관에서만 업무를 해보았고, 더군다나 이직하지 않고 한 기관에서만 근무했기 때문에 다양한 사회복지 글쓰기에 대한 이해가 부족하다는 단점이 있었습니다. 이 단점을 보완하기 위해서 사회복지 관련 협회, 협의회 자료실을 검색하면서 업무 문서 양식을 수집하였습니다.

여러 기관에서 일하는 지인들을 통해서 노인복지관, 장애인복지관,

지역아동센터, 요양센터, 다문화가족지원센터, 장애인 주간 이용센터, 상담소 등에서 실제 업무에서 사용하는 빈 양식들을 받아서 양식의 공통점과 차이점을 분석하였습니다. 덕분에 전국의 소규모부터 대규모, 복지관부터 센터, 상담소까지 다양한 현장의 사회복지사에게 두루 읽히는 책을 집필할 수 있었습니다.

또 생생한 자료 수집을 위해 사회복지사 100명에게 설문조사를 했습니다. 사회복지 업무용 글쓰기를 할 때 어떤 점이 어려운지, 그리고 리더들은 업무용 글쓰기 슈퍼비전을 줄 때 어떤 게 힘들지를 물어보니 사람들이 알고 싶어 하는 부분을 파악할 수 있었고 사람들이 가장 궁금한 점에 대답해 주는 책을 집필하게 되었습니다.

자료 조사 예시 4_ 법령 · 매뉴얼 · 지침 학습

『쉽게 배워 바로 쓰는 사회복지 글쓰기』 책을 쓰기 위해 공문서의 기준이 되는 공무원들의 문서 작성을 공부했습니다. 행정안전부 업무 문서 작성 지침을 공부했고, 행정업무 효율과 협업 촉진을 위한 시행규칙, 재무회계 규칙, 인재개발원 자료 등 법령과 지침, 매뉴얼을 공부했습니다. 내가 그동안 했던 업무용 글쓰기 강의 내용에서 틀린 게 있었음을 책쓰기를 위한 근거 자료를 찾으면서 알게 된 것도 있었습니다.

『AI 사회복지 글쓰기』와 『AI와 직장인 글쓰기』 책을 쓸 때는 행정

안전부, 문화체육관광부, 국가정보원, 한국지능정보사회연구원, 한국연구재단, 과학기술정보통신부 등에서 나온 생성형 AI 사용 지침서와 가이드북, 조사 자료를 찾아서 읽고 책 내용에 반영했습니다. 기존의 상업 출판된 도서에서는 AI를 잘 사용하는 방법 위주로만 책이 되어있었는데 직장인이 업무용 글쓰기를 할 때는 개인정보를 유출하거나 기업의 기밀을 유출하면 안 되기 때문에 지켜야 하는 기준 제시를 위해 여러 정부 부처의 자료를 찾아서 객관적인 근거와 함께 넣었습니다.

사람들은 어디서 본 듯한 지식, 내가 다 알고 있는 내용, 어설픈 주장을 담은 책, 유튜브에 나온 말장난 같은 책을 싫어합니다. 내가 몰랐던 새로운 정보가 담겨 있거나, 가짜 정보가 아닌 진짜 정보가 담겨 있는 책, 알려지지 않은 새로운 지식, 최초의 정보가 담긴 원본 글을 읽고 싶어 합니다. 이런 새로운 지식, 최초의 정보가 30%는 들어가야 차별성 있는 책이 됩니다. 유익하고 도움이 되는 100매의 원고를 쓰기 위해서 다양한 자료 수집이 책 쓰기 잘하는 첫 번째 비법입니다. 작가가 고생해야 독자가 행복하다는 말의 뜻을 이제 이해할 수 있겠지요?

비법 4. 원고 잘 쓰는 방법 2_ 짧게 쓰기

많은 사람에게 널리 읽히고 사랑받는 베스트셀러 원고를 쓰기 위해서는 가독성 좋게 문장을 작성해야 합니다. 문장을 짧게 써야 이해하기가 좋고, 이해하기 좋아야 많은 사람이 읽는 베스트셀러가 됩니다.

하나, 만 연체를 간결체로 바꾸기

"~하고 ~해서 ~하다"라고 길게 문장을 쓰는 것을 만연체라고 부릅니다. 본인이 글을 좀 잘 쓴다고 생각하는 분 중에 문장을 길게 쓰는 습관을 가진 분들이 있는데 만연체로 글을 쓰면 가독성이 좋지 않습니다. 글쓰기 첨삭을 하다 보면 심한 분은 문장 1개가 5줄을 넘게 쓰는 분도 있답니다. 이렇게 문장이 길어지면 독자에게 이해가 잘 안되거나, 글 안에 서술어와 주어의 호응이 맞지 않는 등 문법적으로 문제가 생길 가능성이 큽니다.

만연체보다는 "~이다. ~이다. ~이다" 간결체로 쓰는 것이 가독성이 좋습니다. 간결체로 글을 작성하는 방법은 간단합니다. 문장을 짧게 씁니다. 얼마나 짧게 써야 할까요? A4 종이에 10포인트로 글을 쓸 때 1개의 문장이 1줄을 넘기지 않도록 씁니다. 그리고 3~5개의 문장마다 문단을 나누어 주세요. 글에 여백이 생기면 가독성이 좋아집니다. A4 1매의 문서는 4~5개의 문단으로 구성하는 것이 가장 가독성이 좋은 문서입니다.

예를 들어 아래 수정전 글처럼 문장 1개로, 길게 만연체로 원고를 적었다면, 수정 후 글처럼 1개의 문장이 A4 기준 1줄을 넘기지 않도록 4개의 문장으로 짧게 나누어주는 것입니다.

만연체 수정 전_ 문장 1개

우리나라에서 일반 대중에게 말과 글이 개방된 지 이제 겨우 100여 년이 지났는데 보통 교육 시행과 인쇄 기술의 발전은 그동안 꽉 막혀 있던 우리의 사고방식을 자유롭게 해주었고 어느 것에도 구애받지 않는 정신의 자유를 얻은 사람들은 책을 읽으며 우물에서 벗어나 더 넓은 세계로 나아가는 꿈을 꾸게 되어 바야흐로 책을 읽는다는 건 혁명이었다.

간결체 수정 후_ 문장 4개

우리나라에서 일반 대중에게 말과 글이 개방된 지 이제 겨우 100여 년이 지났다./ 보통 교육 시행와 인쇄 기술의 발전은 그동안 꽉 막혀 있던 우리의 사고방식을 자유롭게 해주었다./ 어느 것에도 구애받지 않는 정신의 자유를 얻은 사람들은 책을 읽으며 우물에서 벗어나 더 넓은 세계로 나아가는 꿈을 꾸었다./ 바야흐로 책을 읽는다는 건 혁명이었다.

둘, 단어 중복 금지

글을 읽는 독자 입장에서 글 안에 같은 단어가 반복되면 앞에서 한 말을 다시 반복하는 것 같아서 글이 지루하고 재미가 없어집니다. 글을 쓰는 작가 입장에서도 같은 단어를 반복하면 글이 핵심을 전달하지 못하고 빙빙 돌아가며 글이 길어지게 됩니다. 어휘력이 부족해서 글을 주저리주저리 길게 쓴다면, 사전을 적극적으로 활용하는 것이 필요합니다. 인터넷 사전도 좋고 종이사전도 좋습니다.

어휘력이 부족해서 같은 단어를 반복한다면 첫 번째로 유의어를 활용해 보세요. 네이버 사전이나, 국립국어원 사전 앱 등을 활용하여 내가 사용하는 단어를 다르게 표현할 수 있는 또 다른 단어가 없는지 찾아봅니다. 이런 단어를 '유의어'라고 합니다. 예를 들어 내가 쓴 글에 "발전"이라는 단어가 여러 번 들어갔다면 사전에서 발전의 유의어를 찾아보는 것입니다. 유의어로 "성장, 진보, 향상, 성숙, 도약, 확장, 변화, 개선, 진전, 번영" 등의 단어가 나오는데요, 유의어를 넣으면 단어 중복을 피할 수 있습니다.

단어 반복 수정 전

발전, 발전, 발전, 발전, 발전, 발전, 발전, 발전, 발전, 발전

단어 반복 수정 후

성장, 진보, 향상, 성숙, 도약, 확장, 변화, 개선, 진전, 번영

두 번째는 외국어 사전 활용입니다. 전문 작가들은 글쓰기를 할 때 내가 자주 사용하는 한국어를 외국어 사전으로 찾아봅니다. 내 글에 '보다'라는 글자가 많이 나왔을 때 영어 사전을 찾아보면 'see, watch, spot, look, catch sight of, set eyes on' 등의 많은 단어가 나옵니다. 이 영어 단어를 다시 한국어로 재번역을 해보는 것입니다. 처음에는 모든 글이 '보다' 였지만 순서대로 뜻을 해석하면 '눈에 자연스럽게 들어오다, 집중해서 쳐다보다, 발견하다, 시선을 돌리다, 힐끗 보다, 처음 만나다'의 단어로 변경해서 사용할 수 있습니다.

단어 반복 수정 전

보다, 보다, 보다, 보다, 보다, 보다

영어 사전으로 단어 반복 수정 후

see 눈에 자연스럽게 들어오다/ watch 집중해서 쳐다보다

spot 발견하다/ look 시선을 돌리다

catch sight of 힐끗 보다/ set eyes on 처음 만나다

셋, 16가지 키워드로 분량 늘리기

목차별 분량 채우기가 힘들어서 글을 주저리주저리 쓰게 된다면 "설명의 방법 16가지 키워드"를 활용해 볼 수 있습니다. 글을 쓰다가 분량을 늘리고 싶다면, 왜냐하면 (이유), 이를테면 (예시), 정리하면 (요약), 만약 (가정), 빗대면 (비유), 차이점과 공통점 (비교), 나열하면 (열거), 풀어서 말하면 (설명), 거듭 말하면(반복), 미루어보건대 (유추), 중요한 것은 (강조), 구분하면 (분류), ~에 따르면 (인용), 정의하면 (규정), 수치는 (통계), 기억에는 (일화) 이라는 단어를 활용해서 아래 예시처럼 글을 길게 늘려 줍니다.

수정 전_ 문장 1개

설명의 단어를 활용하면 글을 길게 이어가기에 편리합니다.

설명의 키워드 16개를 사용한 수정 후_문장 5개

설명의 단어를 활용하면 글을 길게 이어가기에 편리합니다. '왜냐하면' 사람들은 첫 단어를 일단 시작하면, 마무리하고자 하는 심리가 숨어있기 때문입니다. '이를테면' 이 글처럼 10장짜리 글을 바로 쓰기는 어렵지만, 한 문장을 쓰는 것을 쉽게 할 수 있습니다. '만약' 설명의 단어가 없었다면 이렇게 자연스럽게 문장을 이어가기가 힘들겠지요? '제 기억에는' 이런 설명의 단어는 유명한 베스트셀러 작가의 글쓰기 비법으로 알려져 있습니다.

비법 5. 원고 잘 쓰는 방법 3_ 쉽게 쓰기

책 1권은 평균 A4 100매입니다. 사실 요즘 사람들은 A4 1매만 넘어가도 글이 길다고 생각하는데요, A4 100매나 되는 긴 글을 가독성 좋게 쓰는 방법은 무엇일까요?

쉬운 단어 사용하기

누구나 이해할 수 있도록 쉽게 쓰는 것이 좋은 글입니다. 출판사에서 누구나 읽을 수 있는 대중 서적을 만들 때는 중학교 3학년이 읽어도 이해할 수 있도록 난이도 조절을 합니다. 왜냐하면 우리의 책을 읽는 독자는 대학생일 수도 있고, 고등학교만 졸업한 직장인일 수도 있고, 문해력이 낮은 독자일 수도 있기 때문에 쉽게 읽히도록 책을 만드는 것입니다.

여러분은 어느 한 분야에 책을 쓸 정도의 전문성을 가지고 있습니다. 하지만 우리 독자들은 그런 전문성이 없어서 책을 사서 읽는 것입니다. 여러분이 전문 지식을 뽐내면 독자들은 어렵다고 생각해서 책을 사서 읽지 않고, 책이 팔리지 않을 것으로 생각하면 출판사에서는 책을 만들 수 없습니다. 내 책을 중학교 3학년이 읽어도 모르는 단어가 없는지 생각해 보세요. 어쩔 수 없이 전문용어를 사용해야 할 때는 꼭 정의나 뜻을 알려주고 사용하세요. 우리 책을 읽는 사람은 사회복지를 공부하고 있는 예비 사회복지사일 수도 있고, 이제 막 현장에 온 신입 사회복지사일 수 있기에 전문 용어를 모를 수도 있답니다. 쉬운 단어를 쓰는 것이 베스트셀러 대중서의 비밀입니다.

독자 맞춤 글쓰기

작가 마음대로 쓰는 글은 독자들이 많이 찾지 않습니다. 독자에게 필요한 책이 되어야 베스트셀러가 될 수 있습니다. 내가 보는 것은 일기이고, 남이 보는 것이 글입니다. 글을 쓸 때는 독자 입장에서 가독성 좋게 맞춤 글쓰기를 해야 합니다. 가독성은 문자가 얼마나 쉽게 읽히는가의 정도를 의미하는데요, 내 글을 읽는 독자의 나이, 성별, 인구학적 특성, 글이 기대하는 바에 따라 들어가야 하는 에피소드가 달라지고, 사용하는 단어, 글의 구성이 달라져야 합니다.

저는 사회복지 주제 책을 7권 집필하였는데요, 매번 같은 사회복지 책이지만 독자 맞춤으로 다 다르게 집필합니다. 『사람과 사회를 연결하는 사회복지사』는 청소년 대상 사회복지사 직업을 소개하는 책이기에 사회복지 전문 용어를 하나도 안 넣었습니다.

『쉽게 배워 바로 쓰는 사회복지 글쓰기』는 전국의 5년 차 미만 신입 사회복지사를 위한 책이기에 사회복지 전문 용어를 넣되, 특정 사회복지 영역에서만 쓰는 단어는 넣지 않았습니다. 문서 작성 예시도 신입 직원들이 작성하는 기안, 공문, 계획서, 평가서, 이메일, 팩스 표지 등을 넣되 경력직들이 작성하는 재위탁 서류, 평가 자료, 인사 관련 서류, 회계 서류 등은 넣지 않았습니다.

『AI 사회복지 글쓰기』는 50%가 생성형 AI에 관한 내용이지만 IT 전문 용어는 딱 6개만 넣어서 집필했습니다. 다만 책 내용에 있어서는 신입 직원뿐 아니라 경력자들도 읽을 것이라 생각해서 챗GPT로 슈퍼비전 주는 방법, 직원 교육 계획 수립 방법, 직원 채용 준비에 대한 내용까지 포함하였습니다.

여러분의 책을 읽는 독자가 예비 사회복지사일 때, 신입 사회복지사일 때, 시설장일 때, 실습 슈퍼바이저일 때, 정신건강 사회복지사일 때, 각각 사용 단어, 에피소드, 예시가 다르게 들어가야 공감되는 글이 됩니다. 이렇게 써야 독자 관점에서 이해가 잘되겠지요?

부사 대신 숫자로 표현하기

책쓰기 컨설팅으로 원고 첨삭을 하다 보면 유달리 부사를 많이 사용하는 예비 작가들이 있습니다. 매우, 무척, 꽤, 상당히, 오랫동안, 수많은, 가끔 이런 식의 부사는 의미 전달이 정확하게 되지 않습니다. 이런 모호한 표현보다는 70%, 20명, 7일, 10월 1일부터 3일 등 숫자로 표현하는 것이 이해의 차이를 줄일 수 있습니다. "나는 오랫동안 책을 읽어왔다."보다는 "나는 하루 한 권 책 읽기로 3년 동안 1천 권을 읽었다." 또는 "나는 만 11년 11개월 동안 3,661권의 책을 읽었다"라고 숫자로 표현하면 의미가 명확히 전달됩니다. 정보를 두리뭉실하게 적지 말고 구체적이고 자세하게 적는 것이 좋습니다. 베스트셀러 작가 스티븐 킹은 "부사는 지옥으로 가는 지름길이다"라고 말했습니다. 우리가 쓰는 원고에서 부사는 퇴출하고 모두 숫자로 바꿔 주세요. 두리뭉실한 글이 아니라 정확한 글이 좋은 글입니다.

비법 6. 원고 잘 쓰는 방법 4_ 매일 쓰기

"오늘도 쓰는 사람이 작가다."라는 말이 있습니다. 작가들이 공통으로 하는 말이 많이 쓰면 잘 쓴다는 것입니다. 작가들은 정말 글을 많이 씁니다.

25년 글쓰기 루틴

무라카미 하루키 작가는 성실하게 오랜 시간 집필하는 것으로 유명합니다. 지난 25년간 5시에 일어나서 7시까지 운동하고 아침을 먹고 집필실에 들어가서 12시까지 매일 5시간 집필하는 습관을 지니고 있습니다. 그래서 매일 쓰는 것, 꾸준히 쓰는 것의 중요성을 강조합니다.

> "소설을 쓸 때 가장 중요한 건 집중력이다. 매일 같은 시간에 자리에 앉아 자신만의 리듬을 만들어야 한다."

> "소설을 쓴다는 것은 긴 터널을 혼자 걷는 것과 같다."

"글쓰기는 하루도 거르지 않고 계속해야 한다. 하루라도 빠지면 리듬이 무너진다."

"소설은 머리가 아니라, 몸으로 쓰는 것이다."

"창작은 근육이다. 매일 훈련하지 않으면 금방 녹슨다. 하루라도 빠지면 그 리듬은 사라진다. 그래서 나는 한 번 글을 쓰기 시작하면 끝날 때까지 매일 쓴다."

글쓰기는 매일 해야 잘 쓰게 되고, 많이 써야 잘 쓰게 됩니다. 그런데 예비 작가님들은 글을 쓸 시간이 없다. 매일 쓸 시간이 없다고 말합니다. 무라카미 하루키처럼 25년 동안 매일 글을 쓰지는 못해도, 1권의 책을 쓰는 동안은 매일 원고를 써야 합니다.

3개월만 매일 쓰기

책을 쓰기 위해서는 절대적인 시간이 필요합니다. 하룻밤에 뚝딱 책을 쓰지는 못합니다. A4 100매의 글을 쓰는 것뿐만 아니라, 정보 수집도 하고 자료조사도 하고 생각도 정리해야 하기에 시간이 필요합니다. 우리는 모두 너무 바빠서 하루 종일 책만 쓸 시간을 가질 수 없습니다. 책을 쓰기 위해서는 매일 일과 중에 언제 책을 쓸 수 있는지, 혹은 1주일 단위에서 언제 책을 쓸 시간을 낼 수 있을지 우선순위를 정해서 일정한 양을 정기적으로 쓰면 익숙해지고 잘 쓰게 됩니다.

책 쓸 장소 정하기

책쓰기 컨설팅할 때 매일 책쓰는 시간과 장소를 꼭 물어봅니다. 어떤 작가님은 매일 아침 8시에 출근해서 9시까지 1시간 책을 쓰고, 어떤 작가님은 업무가 끝나고 저녁 8시부터 3시간 책을 쓰고 퇴근하고, 어떤 작가님은 저녁에 집에 가서 본인 방에서 9시부터 11시까지 2시간 책을 쓰겠다고 말합니다. 어떤 작가님은 아이 어린이집에 보내고 카페에서 4시간 동안, 주말에는 아이 학원 데려다주고 카페에서 3시간 동안 책을 쓰겠다고 말합니다. 저는 아침 8시에 카페에 출근해서, 직원이 퇴근할 때까지 밤 10시까지 14시간 동안 집필을 해본 적이 있습니다. 글을 쓰다 말다 하면, 글쓰기가 막힙니다. 다시 글쓰기에 집중하는데 워밍업 시간이 걸리기 때문에 하루라도 매일 원고 쓰기의 끈을 놓지 마세요. "아마추어는 영감을 기다리지만, 프로는 매일 책상에 앉는다."라고 합니다. 책 쓰기를 한다면, 딱 3개월만 책 쓰기로 한 장소에 앉아 원고 쓰기에 집중하세요. 이렇게 장소와 시간을 정해야 정기적으로 매일 쓰는 습관을 갖게 됩니다.

어디서나 매일 쓰기

이렇게 장소와 시간을 굳게 마음먹어도 이 약속을 지키기 어려운 날이 있습니다. 그럴 때는 어디서나 쓴다는 자세를 가져야 합니다. 저 말고 다른 작가를 살펴봐도 책상에 앉아서 아침부터 저녁까지 책을 쓸 온전한 시간을 가진 분들은 찾아보기 힘듭니다. 어떤 작가는 대중교통으로 출퇴근하는 시간이 길어서 전철이나 열차 등 이동하는 시간 동안 책을 씁니다. 어떤 작가님은 핸드폰의 메모 기능을 활용해서 업무 중간에라도 틈틈이 아이디어가 떠오를 때마다 작성하는 분도 있습니다.

저는 아이 머리카락을 자르러 미용실을 가서 30분 동안 기다리면서 노트북으로 책을 쓴 적도 있고, 명절에 시댁에 가서 차례상 음식을 요리하는 중간중간 책을 썼습니다. 갑자기 야근을 해야 하는날은 야근이 끝나고 회사 책상에서 30분이라도 책을 쓰고 퇴근했고, 강의를 하러 가는 기차 안에서도 고속버스 안에서도 책을 썼습니다. 원고의 첫 글자를 쓰기 시작한 순간부터는 매일 30분이라도, 1시간이라도 글을 쓴다고 마음을 먹어야 합니다.

글쓰기 막힘 극복

책을 매일 쓰다가 갑자기 글쓰기가 안될 때가 있습니다. '글쓰기 막힘'writer's block이라고 부르는데요, 이때는 어떻게 해야 할까요?

극복 1. 할 말이 많은 부분부터 집필하기

매일 쓰다가도 갑자기 막힐 때가 있습니다. 이때는 "목차 1, 목차 2, … " 순서대로 글을 쓰겠다는 마음을 버리고 내가 제일 자신 있는 부분, 가장 할 말이 많은 부분, 내가 제일 중요하다고 생각하는 부분을 먼저 집필하세요. 내 글을 읽는 독자가 내가 어디서부터 집필했는지 모릅니다. 작가가 자신 있는 부분을 쓰면 그나마 술술 글이 나옵니다.

아직 생각 정리가 안 된 부분이나 정확한 참고 자료 이름이 생각 안 날 때는 괄호( )로 남겨놓고 다음 부분으로 넘어갑니다. 막히는 부분이 나올 때마다 자료 찾기를 하는 작가님도 있는데요, 그러면 자료 찾기를 하다가 알고리즘에 따라 엉뚱한 유튜브를 보고 있는 자신을 발견하게 될 것입니다. 막히는 부분은 추후 확인으로 남겨두고 넘어가세요.

극복 2. 장소 바꾸기

저는 유달리 책쓰기를 하기 싫은 날은 일부러 장소를 바꿉니다. 카페에서 쓰다가 쓰기 싫으면 사무실로 자리를 옮겨서 새롭게 딱 1장만 쓰자는 마음으로 책을 씁니다. 사무실에서 쓰다가 책쓰기가 싫어지면 카페에 노트북과 이어폰 두 개만 가지고 가서, 목차 두 개만 쓰자고 마음을 먹고 책을 쓰면 다른 사람들이 열심히 무언가를 하는 모습 때문인지 다시 책쓰기를 하게 됩니다. 목표했던 목차 두 개를 쓰면 작은 성취감도 느끼게 됩니다.

극복 3. 몸 움직이기

어니스트 헤밍웨이는 글이 잘 안 풀릴 때 낚시나 사냥을 즐겼다고 하는데요, 저도 여러 가지 방법을 써도 생각이 잘 안 날 때는 걷기나 등산을 갑니다. 걷다 보면 무념무상의 상태가 되는데 그때 이런 저런 아이디어가 떠올라요. 그러면 걷다가 핸드폰을 꺼내서 메모를 급하게 하고, 다시 걷습니다. 등산을 같이 간 사람들과 이야기하다가 글에 쓸 아이디어를 얻을 때도 있습니다.

극복 4. 원고 채우기가 목표

원고를 쓰다가 갑자기 "이게 정말 책이 될까?", "쓸데없는 짓 하는 거 아닌가?", "이 정도는 다 알지 않나?", "글을 너무 못 썼는데?"라는 의심이 들 때가 있습니다. 이때는 목차 40개, 원고 100매를 채우는 것이 목표라는 마음을 가지고 무조건 써야 합니다. 앤 라모트는 "형편없는 초고를 쓰는 용기가 작가의 출발점"이라고 말했습니다. 글을 아름답게 바꾸는 것은 다 쓰고나서 다듬어도 되고, 내 글을 만난 출판사 편집자가 전문적으로 다듬어 줄 것이기 때문에 일단 원고 분량을 채우는 것에 집중하세요. 일단 100매 채우고 나서, 나중에 고치면 됩니다.

글쓰기 막힘writer's block은 초보 작가들도, 유명 작가들도 흔히 겪는 창작의 고통입니다. 작가의 길에 들어선 걸 축하해요.

비법 7. 원고 잘 쓰는 방법 5_ 챗GPT 금지

예비 작가 중에서 책쓰기를 할 때 챗GPT를 사용해도 되는지 물어보는 분이 있습니다. "챗GPT로 책을 쓰면 안 되나요? 아니면, 글은 제가 쓰고 챗GPT에게 글을 보충하거나, 다듬어 달라고 하면 안 되나요?"라고 물어보는데요, 저는 원고 작성 전 아이디어가 필요할 때, 자료조사, 정보 수집용, 실제 책에 실리지 않는 출간 기획서 작성까지는 사용해도 된다고 하지만 원고 작성과 원고 수정, 퇴고 시에는 생성형 AI를 사용하지 못하게 합니다. 몇 가지 이유가 있습니다.

이유 1. 저작권 인정 여부

챗GPT 같은 생성형 AI는 인간이 아니기에 저작권이 없습니다. 저작권은 인간이 만든 창작물에만 적용되기 때문입니다. 그래서 AI를 활용해서 책을 내도 현재는 출판에 문제가 없습니다. 하지만, 2025년 4월 1일 한국저작권협회에서는 음악 저작권 등록 시 생성형 AI 사용률이 0%인 음악만 저작권을 등록하겠다고 말했습니다. 아직 출판 관련해서 공식적인 발표나 규정이 없습니다. 하지만 생성형AI 관련 규정이나 지침들이 이제 막 만들어지는 중이라, 만약의 상황을 대비해서 책 쓰기는 순수하게 자신의 힘으로 할 것을 제안합니다. 위의 한국저작권협회처럼, 앞으로 여러분의 책에 일부라도 AI가 작성한 글이라는 점 때문에 저작권을 인정받지 못할 가능성이 생길 수 있습니다. 여러분이 힘들게 아이디어를 내고 프롬프트를 작성해서, 실제 AI 도움은 조금 받고 나머지는 내가 힘들여 썼는데 AI 사용률이 0%가 아니어서 저작권을 인정 못 받으면 억울하지 않을까요?

이유 2. 생성형 AI는 광범위한 표절

생성형 AI는 인터넷에 있는 수많은 문서와 단어를 학습했는데요, 따라서 생성형 AI가 적어주는 글은 원저자를 알 수 없는 광범위한 표절입니다. 사람들은 인터넷에서 많이 본 듯한 글을 돈 주고 사서 읽고 싶어 하지 않습니다. 인터넷에 없는 저자만의 생생한 경험과 사례가 담긴 글을 읽고 싶어 할 것입니다. 여러분이 전문가로 퍼스널 브랜딩하기 위해서라도 생성형 AI를 사용하지 말고, 스스로 책을 쓸 것을 권합니다. 여러분이 AI로 책을 썼다고 하면 아무도 여러분을 전문가로 보지 않겠지요?

이유 3. 퇴고 시에도 사용하지 말 것을 권유

글을 다 쓰고 나서 퇴고 시에 글을 다듬는 용도로만 사용하면 안 되는지 물어보는 분도 있는데요, 그때도 사용하지 말라고 답합니다. 크게 두 가지 이유 때문입니다.

생성형 AI에 입력한 글이나 사진은 모두 생성형 AI를 학습시키는 데 사용되는 것을 알고 있나요? 내가 지금 생생하게 작성한 원고를 생성형 AI에 입력해서 퇴고나 다듬는 용도로 사용하면 스스로 내 글을 외부에 유출한 셈입니다. 한국연구재단에서는 심사위원에게 "한국연구재단이 지원하는 연구개발과제의 평가에 참여하는 평가위원은 각종 평가 자료를 생성형 AI 도구에 입력하지 말아야 합니다. 국가 연구 개발 혁신법 제40조 비밀유지의무에 위반될 수 있습니다" 경고 합니다. 또 지원 과제의 신청·수행자는 "연구개발 계획서 및 단계/ 최종보고서 작성 과정에서 생성형 AI 도구를 사용한 경우, 계획서 및 보고서에 사용 내역을 기술할 것을 권장합니다."라고 명시하고 있습니다. 사용 내역을 작성할 때는 아래 예시처럼 사용한 생성형 AI명, 사용 일자, 프롬프트 내용, 사이트명을 명시하도록 제시하고 있습니다.

생성형 AI 사용시 표기 형식_한국연구재단
챗GPT5(2025. 11. 1.)"프롬프트내용" OPEN AI사의 챗GPT5를 이용하여 생성 또는 작성함. http://chat.opwnai.com/

두 번째로는 내가 작성한 특색있는 글이 생성형 AI다운 말투로 수정이 되는 문제가 있습니다. 생성형 AI가 잘 사용하는 말투가 있습니다. "전 세계적으로, 대부분의 경우, 널리 쓰이는 방법, 예를 들어, 예시를 보면, 구체적으로 살펴보면, 정확히는, 물론 상황에 따라 다르지만, 주목할 만한, 추가적으로, 덧붙여서, 종합적으로, ~유의미하다, ~로 알려져 있다, ~일 수 있다" 등 인데요, 여러분이 작성한 글을 AI에게 퇴고를 시키면 여러분이 초안을 작성했더라도 AI다운 말투로 최종 원고가 변경됩니다. 다듬어진 AI 말투보다 서툴지만 생생한 여러분의 목소리가 담긴 글이 독자들에게 더 소중한 글이 될 것입니다.

생성형 AI로 책쓰기 도움 바르게 받는 법

저는 책쓰기 전 목차를 구성할 때는 생성형 AI의 도움을 받습니다. 단, 목차를 적도록 하는 것이 아니라, 제가 책 쓰려는 주제에 대해 사람들이 궁금해하는 점이 무엇인지 질문을 도출하는 용도나 자료를 찾을 때 챗GPT, 제미나이, 아숙업, 클로드, 코파일럿 등 다양한 생성형 AI를 사용합니다. 그리고 강의식으로 책을 집필하는 작가님을 도와드릴 때는 다글로, 클로바노트 등의 녹취 앱을 활용해서 텍스트 변환을 할 때 AI 도구를 활용합니다. 논문을 찾고 PDF를 빨리 훑어 읽고 싶을 때 챗 PDF, 릴리스 AI 같은 생성형 AI를 적극 활용합니다.

여러분도 목차를 구성하기 전 아이디어를 얻는 용도나, 자료조사 하는 용도, 책으로 출판되지 않는 출간기획서 쓰기에서는 생성형 AI의 도움을 받되, 실제 책의 목차와 원고는 여러분이 직접 작성하는 것을 권장하고, 일부 사용했을 때는 위 한국연구재단의 표기법에 따라 표기해 주세요.

비법 8. 원고 잘 쓰는 방법6_ 프에작참

원고 100매 작성을 마무리하면서 마지막으로 써야 하는 글은 '프에작참'입니다. 프롤로그, 에필로그, 작가 소개, 참고문헌입니다.

프롤로그

프롤로그는 책 제일 앞에 들어가는 작가 인사말입니다. 프롤로그를 잘 쓰는 방법은 원고 쓰기를 끝낸 후 가장 마지막에 작성하는 것입니다. 처음 목차를 적고 나서 바로 프롤로그를 적으면 실제 원고를 작성하면서 달라지는 부분을 충분히 담지 못합니다. 그래서 보통 작가들은 원고 작성이 끝난 후 제일 마지막에 프롤로그를 작성합니다.

일반적으로는 프롤로그는 본 내용이 시작되기 전에 작품의 배경, 분위기, 또는 등장인물의 특징 등을 제시하는 역할을 하는데요, 책의 프롤로그는 간단한 작가 소개, 이 책을 왜 쓰게 되었는지 기획 의도, 책의 핵심 내용과 책의 장점을 적어서 책을 읽고 싶은 마음이 들도록 A4 반장에서 1장 정도 분량으로 적어요. 독자들은 프롤로그와 목차를 보고 책을 구입할지 말지, 읽을지 말지를 결정하기 때문에 책을 읽도록 유도하는 안내 글이 들어가야 합니다.

『쉽게 배워 바로 쓰는 사회복지 글쓰기』 프롤로그 예시	
작가 소개	18년 차 현직 사회복지사이자 베스트셀러 작가인 전안나입니다.
기획 의도	현직 사회복지사들이 문서 작성으로 야근하는 모습을 보면서 고민하다, 사회복지 실천 중심 글쓰기 책을 기획하게 되었습니다.
책의 핵심내용	여러분은 이 책을 통해, 사회복지 글쓰기의 특징을 이해하게 될 것입니다. 사회복지 글쓰기는~~
작가의 당부	이 책이 예비 사회복지사의 현장 적응을 돕는 매뉴얼, 주니어 사회복지사의 야근을 줄여주는 실무 도움서, 후배를 잘 지도하고 싶은 시니어 사회복지사에게 글쓰기 지도법을 알려주는 비법서가 되길 바라봅니다.

『사회복지 어휘력 수업』 프롤로그 예시	
작가 소개	공동 저자 6인은 국가인권위원회, 경기복지재단, 한국사회복지협의회 위촉 인권 강사인 사회복지사로~
기획 의도	이 책은 사회복지사가 사용하는 어휘의 폭을 넓히고 깊이를 더하고자 기획하였다.
책의 핵심내용	1부에는 어휘력의 폭을 넓힐 수 있는 현장 실무 용어와 최근 5년간 많이 사용되는 사회복지 신조어 350여 개를 담았다. 2부에는 어휘력의 깊이를 더할 수 있는 인권기반 윤리적인 용어 150여 개를 담았다.
작가의 당부	이 책을 시작으로 지면 관계상 수록하지 못한 수많은 인권기반 윤리적 용어에 대한 문제의식을 품고 함께 고민하며 실천하는 사회복지사들이 생겨나길 기대한다.

에필로그

에필로그는 이야기나 작품의 종결부로서, 본 내용이 끝난 후 이야기의 뒷이야기, 추가적인 정보, 또는 결말에 대한 해설 등을 담는 역할을 하는데요, 책의 에필로그는 책을 집필하면서 있어서 에피소드, 책에 담지 못한 추가 이야기, 마무리 감사 인사 등을 넣습니다. 일반적으로는 A4 반장에서 1장 정도 분량입니다. 문학 작품은 책에 대한 해설이나 서평을 함께 넣어서 더 길게 적기도 합니다.

『쉽게 배워 바로 쓰는 사회복지 글쓰기』 에필로그 예시	
책과 관련된 에피소드	이 책은 5년 차 사회복지사였던 2008년 시작되었습니다~
이 책의 차별성	~등이 다른 책과 차별성이 있다.
다음 책 예고	다음에 또 기회가 된다면, 경력 사회복지사를 위한 책으로 다시 만나길 기대합니다.
마지막 당부	글쓰기는 누구에게나 두렵습니다. 용감하게 쓰세요.

『사회복지 어휘력 수업』 에필로그 예시	
책과 관련된 에피소드	사회복지사 22년 차. 9년 전 인권 강의를 시작하면서 나는 정말 인권 전문가인가? 라는 의문을 품었다.
이 책의 차별성	국가인권위원회, 복지재단, 사회복지협의회 인권 강사 6명이 모여 함께 이 책을 집필하였다
마지막 당부	가치와 인식이 달라지면 행동이 달라지고, 사회복지사의 행동이 달라지면 사회복지 조직이 달라지고, 조직이 달라지면 우리 사회가 달라질 것이라고 믿는다.

작가 소개

작가 소개는 책날개에 들어가는 작가 소개 글이 있고, 책 뒷부분 내지에 들어가는 작가 소개 글이 있습니다. 책날개에 들어가는 작가소개 글은 스토리텔링으로 책과 관련된 작가의 간단한 소개를 적습니다. 본인의 사명이나 미션, 브랜드 슬로건을 넣어서 적으면 좋습니다.

책 뒷부분 내지에 들어가는 작가 소개 글은 이력 중심으로 경력, 학력, 자격증, 저서, 강의, SNS와 연락처 등을 넣어 구체적인 사실 위주로 적습니다. 책날개의 작가 소개는 출판사에 대신 적는 경우도 있고, 책 내지 작가 소개는 생략되는 경우도 있습니다.

스토리텔링형 작가소개 예시	책과 강연으로 사람을 돕는 베스트셀러 작가. 사회복지 행정 실무 전문가를 꿈꾸는 19년 차 현직 사회복지사입니다.
이력서형 작가소개 예시	현) ㈜책글사람 대표 현) 한국성서대학교 사회복지학과 외래강사 전) 월계종합사회복지관 부장 연세대학교행정대학원 사회복지학 석사 졸 저서 『1천 권 독서법』 등 14권 이메일 book365@kakao.com 페이스북, 인스타그램, 블로그 전안나작가

참고문헌

참고문헌은 내가 자료수집과 정보 수집을 하기 위해 읽은 모든 책과 자료는 넣는 것이 아니라 책 속에 인용하거나 직접적으로 참조한 책과 자료 위주로 작성합니다. 작성할 때 문장 부호와 작성 순서는 아래 표처럼 작성하면 되는데, 한글 문헌을 먼저 쓰고, 외국어 자료를 후 순위로 작성합니다. 한글 문헌은 저자명 가나다 순으로, 외국어 자료는 저자 성의 알파벳순으로 작성합니다. 한 작가의 저서를 여러 권 참고하였을 때는 출간 연도순으로 작성합니다. 같은 작가의 단독 저서와 공동 저서를 함께 참고했을 때는 단독 저서를 출간 연도순으로 기재 후, 공동 저서를 출간 연도순으로 배열하고, 생성형 AI를 사용했을 때는 한국연구재단의 작성 예시에 따라 작성합니다.

참고문헌 작성 형식	
논문	저자명, 「논문제목(홑꺽쇠)」, 『학술지명(겹꺽쇠)』, 권호수, 발행처명, 발행연도
단행본	저자명, 『단행본명(겹꺽쇠)』, (출판사명, 출판연도)
번역본	저자명, 『단행본명(겹꺽쇠)』, 번역자명, 출판사명, 출판연도
잡지나 신문 기사	저자이름, 「기사제목(홑꺽쇠)」, 『잡지나 신문명(겹꺽쇠)』, 게재 일자
인터넷이나 온라인 자료	저자 이름, 글의 제목, 접속 날짜, 사이트 주소
생성형 AI	챗GPT 5(2025. 11. 1.)"프롬프트 내용" OPEN AI사의 챗GPT5를 이용하여 생성 또는 작성함. http://chat.opwnai.com/

비법 9. 원고 잘 쓰는 방법 7_ 고쳐 쓰기

작가들은 글을 다 쓰고 나서 바로 출판사로 보내지 않습니다. 철저히 고치는 시간을 가집니다. 글을 고치는 것을 '퇴고'라고 부릅니다. 글을 쓴 다음에는 최소 10번 이상 검토 후에 제출한다고 생각하고, 반드시 고쳐쓰기를 해야 합니다. 퇴고는 내가 하고 싶은 말이 잘 담겼는지, 적절한 근거나 예시가 제시되었는지, 오탈자나 맞춤법 등을 점검하는 과정입니다.

출력해서 낭독하면서 퇴고하기

작가들은 원고 작성이 끝나면 출력해서 소리 내서 읽으면서 퇴고합니다. 저도 지금 이 원고를 7번째 출력해서 소리 내서 읽으면서 고치고 있는데요, 내가 쓴 글을 출력한 후에 다시 보면 컴퓨터 화면상에서 보이지 않았던 오타나 띄어쓰기 틀린 점 등이 보입니다. 우리가 쓴 글은 대부분 출력된 형태로 사람들에게 읽히기 때문에 꼭 출력해서 퇴고하는 것을 추천합니다. 눈으로만 보는 것이 아니라 낭독으로 소리 내서 읽으면 우리가 귀로 듣는 것이 더 발달해 있기 때문에 눈으로 봤을 때 몰랐던 이상한 문맥과 주어, 서술어 대응 등이 귀로 읽으면 알아차리게 됩니다. 소리 내 읽으면서 숨이 차면 내 문장이 길다는 뜻입니다. 글의 흐름이 자연스러운지 소리 내서 읽어보고, 같은 내용이 반복되면 삭제합니다.

퇴고하다 보면 처음 쓴 글보다 원고 분량이 줄어들 수 있기 때문에 처음에는 원고를 적정 분량보다 20% 이상 더 많은 분량의 초고를 썼다가 퇴고 과정에서 줄이는 것을 추천해 드립니다. 즉, 원고지 100매가 책 1권이지만, 처음 초고는 120매 정도로 집필했다가 퇴고 과정에서 20%를 줄여서 100매로 집약시키는 방법입니다.

오탈자 확인

부산대학교 인공지능 연구실에서 만든 "바른 한글" 사이트로 오탈자와 맞춤법을 확인해주세요. 네이버 맞춤법 검사기, 다음 맞춤법 검사기보다 더 정확합니다. 하지만, 이런 기능도 100% 신뢰할 수는 없습니다. 한국어는 같은 단어라도 뒤에 이어지는 단어와 뜻에 따라 맞춤법, 띄어쓰기 등이 규칙이 달라지고, 또 발음은 같은데 뜻이 다른 동음이의어는 띄어쓰기가 달라질 수 있기 때문에 단순히 프로그램의 도움만으로 100% 바로잡을 수는 없습니다. 평소 독서와 필사를 통해서 맞춤법, 문법, 띄어쓰기 실력을 기르는 것이 가장 좋다는 점 잊지 마세요.

첫 문장과 마지막 문장을 가장 신경 써라

책에서 가장 중요한 것은 첫 문장과 마지막 문장입니다. 그래서 저는 글을 쓸 때 첫 문장부터 쓰지 않습니다. 그 이유는 첫 문장부터 마지막 문장까지 순차적으로 쓰는 사이, 시간이 흐르면서 생각이 달라지거나 의도가 달라지면 첫 문장과 마지막 문장 사이에 모순이 생기는 경우가 많기 때문입니다. 마지막 문장을 다 쓴 후 첫 문장을 작성합니다. 또한 작가들이 가장 마지막까지 손을 놓지 못하는 것이 첫 문장과 마지막 문장입니다. 가장 강렬한 인상을 남길 수 있는 킬링 파트가 첫 문장과 마지막 문장이기 때문입니다.

편집 확인

글은 내용도 중요하지만, 형식도 중요합니다, 글은 읽는 것이 아니라 보는 것이기 때문에 상대방의 입장에서 보기 좋게 편집합니다. 흰 종이에 검은색 글자만 빽빽하게 가득 쓰여 있는 글은 읽고 싶은 마음이 안 들어요. 똑같은 글이지만, 글에 여백이 많아질수록 읽기가 좋아집니다. 글에 소제목을 넣고, 단락을 나누고, 문장을 짧게 편집하고, 글씨 크기, 색깔, 소제목, 밑줄 등을 넣어 수정하면 똑같은 글이지만 가독성이 좋게 느껴질 수 있습니다.

베스트셀러 원고를 집필하기 위해서는 퇴고를 귀찮아하면 안 됩니다. 질릴 정도로 고치고 또 고치고, 끝까지 퇴고해야 합니다.

05

책쓰기 3단계
출판사 만나기

- 출판계약으로 작가 데뷔 -

출간기획서 작성과 원고 쓰기가 끝나면 이제 좋은 출판사를 만날 일이 남았습니다.

좋은 출판사를 만나는 방법, 계약 전 확인해야 할 내용,

계약 체결과 도서 제작 과정을 통해 이제 작가로 데뷔하게 됩니다.

아이돌로 데뷔하기 위해 좋은 소속사를 만나는 것이 중요하듯,

우리도 작가로 데뷔하기 위해서는 좋은 출판사를 만나는 것이 중요합니다.

1. 출판사 투고

출판사를 만나기 위해 출판사에 출간기획서와 원고를 보내는 것을 투고라고 합니다.

예비 작가의 실수

책을 쓴 후 SNS에 "내 책 내주실 분?"이라며 출판사를 찾는 글을 올리는 예비 작가가 있습니다. 출판사와 책을 내기 위해서는 SNS 공지로 찾는 것이 아니라, 출판사의 절차에 따라 이메일이나 홈페이지로 원고와 출간기획서를 보내야 합니다. 우리가 직장을 구할 때 "나 채용할 분?"이라고 올려서 채용되는 것이 아니라, 채용 서류를 해당 기관으로 절차에 따라 보내야 하는 것과 같습니다. 이때 필요한 필수 서류가 바로 출간기획서와 원고입니다.

온라인 투고

예전에는 원고를 손으로 작성해서 우편으로 보내는 경우가 많았는데, 최근에는 원고는 컴퓨터 문서로 작성해서 출판에 투고할 때도 온라인을 주로 활용합니다. 홈페이지 투고와 이메일 투고 두 가지 방법을 사용합니다. 출판 기획서 양식이 출판사 지정 양식이 별도로 있는 곳도 있고 자유 형식으로 내는 곳 등 출판사에 따라 다양한데요, 홈페이지가 있는 곳은 별도의 출간기획서 양식이 있는 경우가 많으니 먼저 확인 후 작성하세요.

출판사별 책 제작 분야 파악

투고를 할 때 전국의 모든 출판사에 투고하는 것이 아닙니다. 각 출판사에서 제작하는 책의 분야가 무엇인지 살펴보고 투고합니다. 대형 출판사는 여러 분야의 도서를 다양하게 출판하는 경우가 많지만, 그 외 출판사는 특정 분야에 전문화 되어있습니다. 내가 책을 쓴 분야 도서를 출판하는 출판사로 투고해야 합니다. 내가 쓴 책의 분야가 에세이라면 에세이 분야 출판사, 자기 계발서 분야라면 자기 계발서 분야 출판사, 사회복지 분야라면 사회복지 분야의 출판사를 찾는 것입니다.

제가 경험한 출판사를 예로 든다면 '다산북스'와 '가나출판사'는 대형 출판사이기에 대부분의 책 분야를 모두 출간합니다. 하지만 '키출판사'는 아동 청소년 학습지와 부모 교육책만 출간하고, '풀빛 출판사'는 인문 서적과 청소년 교과 연계 비문학 책을 발간하고, '토크쇼 출판사'는 아동 청소년 진로 탐색, 직업 소개 책을 전문적으로 발간합니다. '인간과복지'는 사회복지 분야 대중서를 발간하고, '커뮤니케이션북스'는 소책자 형태의 시리즈 북을 전문적으로 출판합니다. 출판사의 특징을 잘 알고 투고를 해야 출판 성공 가능성이 올라갑니다.

사회복지, 비영리 비문학 출판사

여러분이 작성한 책의 분야가 사회복지 분야라면 가장 먼저 사회복지 출판사에 투고합니다. 사회복지 책을 내는 출판사는 청목출판사, 공동체, 학현사, 양서원, 양성원, 나남출판, 인간과복지, 도서출판 신정, 학지사, 현학사, 나눔의집, 성균관대학교 출판사, 지식터, 한국문화사, 양서원, 창지사, 신영사, 아르케, 커뮤니케이션북스, 나남, 유원북스, ㈜집문당, 어가 등이 있습니다. 사회복지 주제, 비영리 주제 도서를 상업 출판한 적이 있는 출판사입니다. 다만, 사회복지 전문 출판사는 사회복지 전공 서적이나 1급 수험서만 발간하는 경우도 있으니, 확인 후 투고가 필요합니다.

일반 출판사

여러분이 작성한 책의 분야가 사회복지 분야가 아니라 일반 분야의 도서라면 아래 출판사들에 투고하세요. ㈜가나문화콘텐츠, ㈜김영사, ㈜다산북스, ㈜도서출판길벗, ㈜문학동네, ㈜민음사, ㈜

박영사, ㈜북이십일, ㈜비룡소, ㈜사회평론, ㈜성안당, ㈜시공사, ㈜알에이치코리아, ㈜예림당, ㈜와이엘씨, ㈜웅진씽크빅(단행본), ㈜위즈덤하우스, ㈜이퍼블릭코리아, ㈜창비, ㈜학지사, ㈜한빛미디어 출판사는 2023년 출판 연감 기준 활발하게 활동한 출판사입니다.

집필 도서 분야 출간 출판사

위 목록 외에도 출판사는 많습니다. 2022년 기준 출판사 수는 75,324개이고, 2022년에 책을 1권이라도 발간한 출판사는 9,281개입니다. 이왕이면 내가 낸 책을 잘 팔아줄 수 있는 출판사와 책을 내는 것이 좋겠죠? 최소한 내가 책을 내고 싶은 분야의 베스트셀러 1위에서 100위 책을 출판한 출판사를 직접 살펴보는 것이 좋습니다. 각 출판사에서 제작하는 책의 분야를 알아보는 방법은 온라인 서점이나 오프라인 서점에서 분야별로 책을 검색해서 출판사 이름을 파악하고, 실제 책의 실물에서 책 투고 이메일을 취합하거나, 인터넷 검색으로 투고 방법을 찾아볼 수 있습니다.

예를 들어 장애인 관련 책을 집필했다면, '장애'라는 단어가 들어간 도서나 장애인 작가가 쓴 책이나, 장애인 자녀를 둔 부모가 작가인 도서 등을 찾아서 표지의 출판사 이름을 보고, 투고 방법을 직접 찾는 것입니다. 출판사 이름을 인터넷에 검색하면 홈페이지를 통해 투고 방법을 찾을 수 있고, 홈페이지가 없다면 직접 서점에 가서 해당 책의 내지를 찾아보면 출판사 이메일을 알 수 있습니다.

이메일 투고 방법

이메일 취합이 끝나고 투고 시에는 여러 출판사에 단체 메일로 보내면 안됩니다. 숨김 참조로 동시에 보내는 것도 안 됩니다. 이메일 제목과 내용에 해당 출판사 이름을 명시해서 1곳씩 발송합니다. 제가 전화 받았던 출판사 중에서 어떤 곳은 제목에 본인 출판사 이름이 없으면 아예 읽어보지도 않고 휴지통으로 보낸다고 하더라고요.

이메일 제목이나 내용에 "{출판사명} 편집자님, {책제목} 원고 투고합니다."라고 특정 출판사명을 명시해서 보내야 읽을 가능성이 큽니다.

한 가지 더 팁을 주자면, 저는 출판사에 이메일 보내기 전에 해당 출판사에서 내가 책을 쓴 분야나 주제와 관련 있는 책을 냈는지 확인합니다. 그리고 비슷한 분야나 주제 책을 낸 적이 있으면 본문에 비슷한 책 낸 것을 알고 있다거나, 혹은 읽었다고 표기하고 책의 핵심 내용을 1~2줄 적습니다. 담당 편집자가 궁금할 때 바로 연락할 수 있도록 이메일 마지막에는 스마트폰 연락처를 적어서 발송합니다. 아래 출판사 투고 메일 예시를 참고해서 나만의 투고 메일을 작성해서 보내세요.

제목: [원고투고] 나, 브랜드사회복지사 원고 투고합니다.
생안녕하세요? [출판사명] 편집자님. 평소 [출판사명] 출판사에서 사회복지사들이 읽으면 좋을 책을 내는 것을 보고 관련 주제 책 출간을 제안드립니다. 요즘 사회복지 현장에 퍼스널 브랜딩에 대한 관심이 생겨나고 있습니다. 전문 사회복지사 9인의 책 원고 일부와 출간기획서를 첨부하오니 출판을 검토 부탁드립니다. 고맙습니다. 첨부1. 출간기획서 첨부2. 원고 일부(30매) 전안나 작가 010-1234-5678 book365@kakao.com

홈페이지 투고 방법

출판을 활발히 하는 대형 출판사는 홈페이지에서 직접 투고를 받습니다. 출판사 이름을 검색해서 나오는 출판사 홈페이지에서 '출간문의' 혹은 '원고모집' 혹은 '원고투고' 등의 글자가 있는 카테고리를 클릭하면 투고를 할 수 있도록 연결됩니다. 어떤 출판사는 회원 가입 후 투고가 가능하고, 어떤 출판사는 별도 회원 가입 없이 가능합니다.

홈페이지 투고를 할때는 클릭으로 "이름, 연락처, 가제, 기획 의도, 책 소개" 등만 써내게 하고 이 내용으로 흥미가 생기면 출간기획서나 원고를 제출하도록 하는 출판사가 있고, 어떤 출판사는 "이름, 연락처, 가제, 기획 의도, 책 소개, 작가 정보, 타켓 독자, 보유 채널"과 함께 출간기획서와 원고를 함께 제출하도록 하는 곳도 있습니다. 각 출판사에서 요구하는 형식을 따르되, 이때도 출간기획서와 원고는 준비가 필요하겠지요?

2. 출판사 미팅

출판사에 출간기획서와 원고 투고를 하면, 편집자들이 원고를 검토하고 계약을 하고 싶다고 연락이 옵니다. 1개 원고는 딱 1개 출판사와만 계약을 할 수 있기 때문에 신중히 진행해야 합니다.

출판사와 계약 전 미팅 하는 이유

출판사는 매우 다양합니다. 1인 출판사도 있었고, 직원 5명인 곳도 있고, 80명인 곳도 있고요, 사장님이 직접 미팅하는 곳도 있고 부장급 편집자가 미팅하는 경우도 있고, 담당 편집자와 담당 팀장 2인과 미팅하는 경우도 있습니다. 좋은 출판사와 계약하기 위해서 사전 미팅이 중요합니다. 물론 사전 미팅을 하지 않고 바로 출판 계약을 하는 경우도 있습니다.

오른쪽의 표는 『1천 권 독서법』을 처음 투고했을 때 제안받았던 출판사의 계약 조건들입니다. 같은 원고인데도 출판사마다 계약금이 50만 원부터 400만 원, 인세가 7.6%부터 10%, 전자책 출간이 되는 곳이 있고 안되는 곳이 있고, 판매목표가 5천부터 3만 부, 출간 시

구분	O출판사	S출판사	K출판사	D출판사
계약금	50만원 상당 책	50/100만원	100만원	100~400만원
인세	7%	6.5%	8%	10%
전자책	x	x	15%	35%
판매목표	5천부	5천부	1만부	3만부
출간시기	12개월	즉시	6개월이내	3개월이내
규모	5인	1인	5명	80명

기도 즉시부터 12개월까지 매우 다양합니다. 따라서 출판 계약을 하기 전에 다양한 출판사를 만나보고 최종 결정하는 것이 좋습니다. 출판사에서 연락이 오면 조급하게 결정을 해야 할 것처럼 생각하는 작가들이 많은데요, 책의 원고가 좋으면 출판사는 작가를 기다립니다. 모든 출판사를 충분히 검토 후 결정해도 괜찮습니다.

출판사가 작가에게 궁금해하는 점

작가만 출판사에 궁금한 점이 있는 것은 아니겠죠? 출판사 측에서도 작가에게 많은 것을 물어봐요. 어떤 출판사 편집자는 '작가'가 어떤 사람인지 궁금해서, 느낌을 보기 위해서 만나기도 한다고 합니다. 일단 사람이 마음에 들어야 책도 같이 잘 낼 수 있다는 취지라고 해요. 맞는 말이지요? 어느 편집자는 작가와 본인의 궁합을 보는 것 같다는 느낌을 받았습니다. 책 원고에 대한 이야기보다 작가에 대한 개인적인 것을 많이 물어보시는 분도 만나보았어요. 좀 더 구체적으로 들어가서 선호하는 책 디자인이 있는지, 마음에 드는 책 표지가 어떤 스타일인지 물어보는 분도 있습니다.

제가 만나본 편집자 중 가장 멋졌던 분은, 첫 미팅을 하는데 제 원고를 책으로 낸다면 어떻게 편집할 것인지 편집자 스스로가 '출간 기획서'를 만들어서 가지고 나온 분이었습니다. 제 책을 꼼꼼히 읽어보고 장점과 단점, 편집 방향을 쭉 읊어 주시는데 진짜 전문가라는 생각이 들었어요. 하지만, 모든 분이 그런 것은 아닙니다. 어떤 편집자는 제 원고를 제대로 안 보고 만나자고 했다는 느낌을 받은 경우도 있었습니다. 작가님이 이 책을 몇 부를 팔 수 있겠는지를 물어보고, 그 파는 권수만큼 우리도 팔아주겠다고 작가 스스로 판매를 많이 할 것을 요구하는 출판사도 만나보았습니다. 또 어떤 출판사에서는 출판하는 비용은 출판사에서 낼 테니 홍보비는 작가가 내라 이런 곳도 있었습니다. 참 다양한 출판사가 있답니다.

작가가 출판사에 확인해야 하는 점

1_ 출판 비용

출판사는 크게 자비 출판사와 상업 출판사가 있습니다. 자비 출판사는 출판 비용을 작가에게 일부 혹은 전부 내게 하고 출판을 해 주는 곳입니다. 상업 출판사는 작가가 내는 돈 없이 모든 비용을 출판사에 지불하고 인세만 작가가 받을 수 있도록 하는 곳입니다.

가능한 작가가 출판 비용을 내지 않고 출판사가 전액 출판 비용을 지불하는 '상업 출판'을 추천하지만, 상업 출판을 원하는 출판사가 없을 때는 작가가 일부 비용을 내고 출판하는 자비 출판도 가능합니다. 연락이 온 곳이 내가 돈을 내야 하는 자비 출판사인지, 내가 돈을 받고 책을 내는 상업 출판인지 가장 먼저 확인하세요.

2_ 계약금

계약금은 계약을 하면서 약속의 의미로 작가가 출판사에서 받는 돈입니다. 계약서 도장을 찍으면서 현장에서 계약금을 바로 주는 출판사도 있습니다만, 대부분은 통장으로 송금합니다. 출판사별 특성에 따라 당일이나 다음날 주는 곳도 있고 매주 특정 요일에 계약금을 보내주는 경우도 있고, 어떤 곳은 매달 15일에 주기도 합니다. 특이한 경우로는 책이 나오기 직전에 주는 곳도 있긴 합니다만, 대부분 계약서 도장 찍고 당일이나 한 달 안에 계약금을 받을 수 있습니다.

계약금 금액은 평균적으로는 100만 원인데요, 영세한 출판사는 50만 원을 주기도 하고, 더 영세한 곳은 돈으로 주는 것이 아니라 출판된 내 책을 50만 원어치 현물로 주는 것으로 계약하기하고, 더 많이 주는 출판사도 있습니다. 계약금은 다른 말로는 '선인세, 선급금'라고 합니다.

책이 판매될 때마다 사후에 받는 돈을 인세라고 하는데, 내가 받을 인세에서 일부를 미리 받는다는 의미입니다. 즉, 계약금과 인세가 별도가 아니고, 미리 받는 인세를 계약금이라고 부르고 책이 판매된 후 받는 인세에서 일부를 미리 받는 것으로, 최초 인세 지급 시는 미리 받은 계약금을 제외하고 차액만 받는 것입니다. 처음에 계약금을 많이 받고 나중에 인세에서 차감하고 받는 것이 좋을지, 처음에 계약금을 평균적인 금액으로 받고 나중에 인세를 많이 받는 것이 좋을지에 따라 계약금을 달라질 수 있습니다.

3_ 인세

'인세'는 책이 실제 판매되고 나서 내 이름으로 낸 책에 대해 받는 수입을 의미하며 '저작권료'라고도 합니다. 보통은 책 정가의 몇 %인지로 계약합니다. 평균적인 인세 세율은 종이책 기준 10%이고, 전자책은 25% 정도입니다. 인세를 부수 따라 다르게 지급하기도 합니다. 예를 들어 1쇄 2,000부는 8%로 인세를 지급하고, 2쇄 3,000부는 9%, 그 이후 부수는 10%로 차등 지급을 하는 것입니다.

인세는 책이 출간되고 판매된 사후에 정산하여 작가에게 지급합니다. 지급 시점도 출판사 따라 다른데요, 어떤 곳은 책이 1쇄를 찍을 때마다 총 찍은 쇄에 따라 팔리든 안 팔리든 상관없이 사전에 준다고 하는 곳도 있습니다. 출고 권수 기준으로 미리 주는 것이죠. 대부분의 출판사는 실제 팔린 부수만큼 주는 곳이 많습니다. 인세 지급 시기도 어떤 곳은 3개월 단위, 어떤 곳은 6개월 단위 등 서로 다른 기준이 있으니 내가 계약하는 출판사의 기준이 무엇인지 알고 계약하시면 될 것 같습니다. 대부분의 출판사는 이메일이나 우편, 자체 인트라넷 등으로 인세 세부 내역을 알려줍니다.

4_ 출판 시기

상업 출판을 하는 경우에 출판사마다 출판 시기, 출판 방향, 출판 이후 홍보에 대한 정책이 다릅니다. 보통 계약서에는 계약일로부터 12개월 내에 원고 완성본을 출판사에 제출하도록 되어 있고, 12개월 이내에 출간이 평균입니다. 하지만 이러한 기한은 12개월 뒤에 내겠다는 것이 아니라, 12개월 이내 출판이어서 출판 시기를 작가가 지정할 수는 없습니다. 보통 출판사의 다른 책들의 출판 시기나, 출판 트렌드에 따라서 조정됩니다.

5_ 출판 방향

출판 방향은 똑같은 원고이지만 최종 출판 전까지 핵심 내용과 타깃에 따라 편집 방향이 바뀔 수 있다는 뜻입니다. 예를 들면 직장인 대상 독서법 책이라면, '직장인'을 집중해서 원고를 수정할 것인가? '독서법'에 집중해서 원고를 수정할 것인가? '문해력'에 집중해서 원고를 수정할 것인가에 따라 제목부터 목차가 달라질 수 있습니다. 원고 내용이 같더라도 말이죠. "하나의 원고가 100명의 편집자를 만나면, 100권의 다른 책이 나온다"라는 말이 있습니다. 실제로 같은 출판사라도 편집자가 바뀌면서 출판 방향이 달라지는 것을 경험해 본 적도 있습니다.

6_ 그 외

저자 증정 부수, 저자 구매 시 할인율, 종이책, 전자책, 오디오북 출간 여부도 확인합니다. 자비 출판을 하게 되면 책을 제작한 권수만큼 다 작가의 것이지만, 상업 출판을 하게 되면 작가도 내 책을 돈 주고 사야 합니다. 저자 증정 부수는 작가에게 무료로 지급하는 도서의 권수인데요, 보통 10권에서 20권 정도 무료 증정하고, 2쇄나 3쇄를 찍을 때마다 추가로 몇 권씩 증정을 합니다.

저자 구매 시 할인율은 저자가 본인의 책을 출판사를 통해 직접 살 때 할인을 해주는 것인데요, 보통 정가의 70~80% 정도에 저자 구매가 가능합니다. 이렇게 할인받아 구매한 책은 저자에게 인세 10%가 가지 않고, 구매로만 끝나는 점도 알고 있어야 합니다.

일반적으로는 종이책과 전자책을 함께 발간하지만, 출판사에 따라서는 종이책만 내는 경우도 있고, 종이책 출간 후 몇 달 뒤에 전자

책을 발간하는 경우도 있고, 오디오북은 제작비 문제로 외부 지원 사업에 선정 시 제작하는 경우도 있습니다.

위의 내용을 구두로 사전 협의하고 계약서를 작성해야 합니다. 주요한 협의 사안은 인세나 계약금 등 비용에 대한 내용, 출판 시기, 출판 방향, 출판 이후 홍보 등에 대한 주요 방향입니다.

3. 계약 체결

출판사와 미팅을 하면서 주요한 협의가 되면 이제 출판 계약서를 작성합니다.

계약서 항목 이해

갑: 원저작자인 작가의 개인 정보 작성합니다.

을: 출판권과 전송 이용권자인 출판사의 기본 정보를 작성합니다.

작가 필명: 본명이 아닌 필명으로 도서를 발간하고 싶다면 계약서에 필명을 작성해야 합니다.

생년월일: 실제 생일과 주민등록상 생년월일이 다르다면 주민등록상 생년월일을 작성합니다.

주소: 출간 후 책을 배송받을 수 있으므로 택배를 받을 수 있는 주소를 작성합니다. 혹시 계약서 작성 이후 도서 출간 시점에 주소가 달라진다면 미리 출판사에 알려주세요.

계좌번호: 계약금과 인세를 받을 계좌로 본인 명의의 계좌를 작성합니다.

작성 항목별 빈칸: 아래 예시에 평균적인 계약 기준을 제시하였습니

다. 이는 출판사마다 다를 수 있습니다.

그 외: 사전 미팅에서 협의한 인세, 증정 부수, 책 발간 시기 등의 협의 내용이 잘 반영되어 있는지 확인 후 서명합니다.

표준 출판계약서 서식과 작성 예시

계약서는 출판사마다 조금씩 다르지만, 표준 계약서 기준으로 말씀드리겠습니다. 아래 예시처럼 저작자가 누구인지, 가제, 주요 내용 개요가 무엇인지를 중심으로 세부 내용은 1조부터 29조까지 표준 계약서 양식에 따라 유효기간, 책임과 권한, 선급금, 2차 저작물, 계약 해지 등 전반적인 출판 계약에 대한 내용을 담고 있습니다.

문화체육관광부_출판권설정계약서_ 작성 예시

저작자 성명 **전안나** 이명(필명) **전안나**

저작재산권자 성명 **전안나** 생년월일 1900. 0. 00.

저작물제호(가제)

쉽게 배워 바로 쓰는 사회복지 글쓰기

작물의 내용 개요

사회복지사 대상 업무용 글쓰기 실용서

위에 표시된 저작물(이하 '위 저작물'이라고 함)의 저작재산권자(이하 '저작권자'라고 함) **전안나** 과(와) 이를 문서 또는 도화로 발행하고자 하는 이용자(이하 '출판사'라고 함) **인간과복지** 는(은) 다음과 같이 출판권설정계약을 체결한다.

제1조 (목적) 이 계약은 위 저작물에 대한 출판권 설정계약의 내용에 따른 저작권자 및 출판사의 권리와 의무를 정하는 데 그 목적을 둔다.

제2조 (정의)

제3조 (출판권의 설정)

제4조 (출판권 설정의 등록)

제5조 (배타적 이용)

제6조 (출판권의 존속기간 등)

① 출판사가 보유하는 위 저작물의 출판권은 계약일로부터 초판 1쇄 발행일까지, 그리고 초판 1쇄 발행일로부터 (보통 5년)까지 효력을 가진다.

② 저작권자 또는 출판사는 계약기간 만료일 (보통 3개월)전까지 문서로써 상대방에게 계약의 종료를 통보할 수 있으며, 이러한 종료 통보에 따라 계약기간 만료일에 이 계약은 종료된다.

③ 제2항에 따른 종료 통보가 없는 경우에 이 계약은 동일한 조건으로 (보통 3년~5년)까지 자동 연장되며, 이 경우 출판사는 자동 연장 이전까지의 저작권사용료를 정산하여야 한다.

④ 출판사는 제2항의 계약종료 통보 기한 이전에 저작권자에게 제2항 및 제3항의 내용을 통지하여야 한다.

제7조 (완전원고의 인도와 출판 시기 및 반환)

① 저작권자는 (기한 협의 후 작성)까지 위 저작물의 출판을 위한 완전한 원고 또는 이에 상당한 자료(이하 '완전원고'라 줄임)를 출판사에게 인도하여야 한다. 다만, 부득이한 사정이 있을 때에는 출판사와 협의하여 그 기일을 변경할 수 있다.

② 출판사는 저작권자로부터 완전원고를 인도받은 날로부터 (보통 12개월)이내에 위 저작물을 원래 목적대로 출판하여야 한다. 다만, 부득이한 사정이 있을 때에는 저작권자와 협의하여 그 기일을 변경할 수 있다.

③ 위 저작물의 출판 후 출판사는 저작권자에게 원고(원화 포함) 등 인도받은 자료 일체를 즉시 반환하여야 한다. 다만, 저작권자와 출판사가 협의하여 반환하지 아니할 수도 있다.

④ 제1항에 따른 완전원고에 대한 판단은 저작권자와 출판사의 합의에 따라야 하며, 합의가 이루어지지 않은 경우에 이 계약은 해제된 것으로 본다.

제8조 (저작물의 내용에 따른 책임 및 계약 내용의 고지 의무)

제9조 (저작인격권의 존중)

제10조 (교정)

제11조 (저작물의 수정증감 및 비용 부담)

제12조 (저작권의 표지 등)

제13조 (정가, 판형, 제책방식 등)

제14조 (계속 출판의 의무)

제15조 (저작권사용료 등)

① 출판사는 아래와 같이 저작권자에게 정가의 일정 비율에 해당하는 금액에 일정 부수(발행부수 또는 판매부수)를 곱한 금액을

지정 계좌를 통하여 저작권사용료로 지급한다. 이때 저작권자는 출판사에게 발행부수 또는 판매부수에 대한 자료를 요청할 수 있다.

예시1
도서정가의 (보통 10%) % X발행부수

예시2
초판의 경우 도서정가의 (보통 8%)% X발행부수(2,000부)
2쇄부터는 도서정가의 (보통 10%)_% X판매부수(2,000부)

기타____________________
② 출판사는 (보통 3/6/12개월) 개월에 한 번씩 발행부수 또는 판매부수를 저작권자에게 통보하고 통보 후 30일 이내에 그 기간에 해당하는 저작권사용료를 지급하여야 한다. 만일 출판사가 발행부수 또는 판매부수를 약정기일 내에 통보하지 아니하는 경우 저작권자는 저작권사용료를 청구할 수 있으며, 출판사는 청구일로부터 30일 이내에 이를 지급하여야 한다.
③ 저작권자는 납본, 증정, 신간 안내, 서평, 홍보 등을 위하여 제공되는 부수에 대하여는 저작권사용료를 면제한다. 다만, 그 부수는 매쇄 당 (보통 10%)를 초과할 수 없으며, 출판사는 자세한 내역을 저작권자에게 알려주어야 한다.

제16조 (선급금)
① 출판사는 이 계약 성립일로부터 (보통 1개월 이내)영업일 이내에

선급금으로 (보통 1,000,000원)원을 저작권자에게 지급한다.
② 초판 제1쇄의 발행 부수는 (보통 2,000부)부로 정한다.
③ 출판사는 초판 제1쇄 발행 시 지급할 저작권사용료에서 제1항의 선급금을 공제한다.

제17조 (저작권자에 대한 증정본 등)
① 출판사는 초판(개정판) 1쇄 발행 시 (보통 10~20부), 중쇄 발행 시 (보통 2~10부)를 저작권자에게 증정한다.
② 저작권자가 제1항의 부수를 초과하는 출판물이 필요한 경우 정가의 (보통 70~80%)에 해당하는 금액으로 출판사로부터 구입할 수 있다.

제18조 (2차적저작물작성권 등)
제19조 (전집 또는 선집 등에의 수록)
제20조 (저작재산권 또는 출판권의 양도 등)
제21조 (판면파일의 구매 및 양도)
제22조 (계약 내용의 변경)
제23조 (계약의 해지 또는 해제)
제24조 (성희롱 등의 피해 구제)
제25조 (출판권 소멸 후의 배포)
제26조 (재해, 사고)
제27조 (비밀 유지)
제28조 (개인정보의 취급)
제29조 (계약의 해석 및 보완)
제30조 (분쟁의 해결)

■ 특약 사항이 계약을 증명하기 위하여 계약서 3통을 작성하여 저작권자, 출판사가 날인 또는 서명한 다음 각 1통씩 보관하고 1통은 출판권 설정 등록용으로 사용한다.

_____년__월__일

저작권자의 표시	**출판사의 표시**
주소 :	주소 :
생년월일 :	출판사명 :
성명 : (인)	사업자등록번호 :
계좌번호 :	대표자 : (인)

4. 도서 제작

출판사와 계약을 하고 나면 정해진 기한 내에 원고 최종본을 출판사로 보냅니다. 출판사에서는 담당 편집자를 배정하고 편집 방안과 출간 시기를 조절합니다. 원고 디렉팅과 홍보를 위한 마케팅 전략을 수립하면서 도서 제작에 들어가고, 도서 인쇄, 서점 납품과 관련 정보 등록이 진행됩니다.

윤문이란

작가가 보낸 원고는 그대로 책이 되는 것이 아니라, 여러 전문가의 손에서 윤문이라는 과정을 통해 책이 됩니다. 그래서 작가가 쓴 원고를 출판사에서는 '초고'라고 부르고, 출판사 편집자의 윤문을 거치면 '책'이 되는 것입니다. 윤문은 글을 매끄럽게 윤이 나도록 하는 것을 말하는데요, 국어국문학과나 문예창작학과 출신의 전문 편집자들이 작가의 원고를 전담하여 수정하는 과정입니다. 윤문과 제작은 출판에서 전문 편집자에 의해 진행되는 과정이지만, 중간중간 작가에게 글 수정이나 내용 추가를 요청하는 때도 있습니다.

출판사에서 책을 만들 때는 전문 편집자가 4가지 방법으로 퇴고합니다. 첫 번째는 '교정'입니다. 띄어쓰기, 붙여쓰기, 맞춤법, 오탈자를 검토합니다. 두 번째는 '교열'로 내용의 오류나 문맥 오류, 단어, 문장의 오류를 검토합니다. 세 번째는 윤문으로 가독성을 위해 짧은 문장을 길게 만들거나, 긴 문장을 자르거나, 글의 순서를 바꾸면서 매끄럽게 다듬는 과정입니다. 네 번째는 재작성으로 작가가 쓴 글 글을 삭제하거나 편집자가 추가로 다시 쓰기도 합니다.

미국의 베스트셀러 작가 스티븐 킹은 이런 말을 했어요. "편집자는 늘 옳다." 도서 제작 단계에서 진행되는 윤문과 출간은 작가의 직접적인 역할보다는 출판사 편집자와 디자이너의 역할이 크니, 이런 내용이 진행된다는 것만 이해하고 그 외 부분은 편집자에게 맡기는 것이 좋습니다. 그들은 나보다 출판 전문가입니다.

출판사에서 주도하는 도서 제작

윤문과 동시에 출판사에서는 책 제목을 정하고, 책 표지 디자인, 책 내부 인디자인, 종이 질과 두께 결정, 책의 판형 결정, 글씨 크기, 글씨체 선정, 메인 색상, 추천사 취합, 홍보 계획 수립, 인쇄 및 감리 등 책을 제작하여 판매하기 위한 일련의 과정이 진행됩니다. 이 과정을 통해 작가가 작성한 원고를, 우리가 알고 있는 책의 형태로 만들어가는 과정을 가집니다. 보통 책의 형태로 만든 채로 3~4번 이상 편집자가 다시 보면서 수정하는데요, 이렇게 수정한 횟수에 따라 1교, 2교, 3교, 4교라고 부릅니다. 최종 수정이 완료되면 인쇄소로 보내서 샘플 인쇄를 하고, 혹시 잘못 인쇄된 것은 없는지 살펴보는 감리의 과정을 거칩니다.

예비 작가 중에서 출간기획서를 작성할 때 책 제목을 정하느라 고민을 많이 하는 경우가 있는데, 책 제목, 표지 디자인, 내지 디자인 등에 대한 구체적인 내용은 출판사 전문 편집자들과 디자이너들의 영역입니다. 출판사에 책의 내용을 한눈에 알기 쉽게 하려고 가제 책 제목을 몇 개 만들어서 제출하지만, 그대로 책 제목이 되는 것이 아닙니다. 전문가의 손길을 한 번 더 거쳐서 최종 결정되는 책 제목 때문에 너무 고민할 필요는 없습니다.

ISBN 바코드의 의미

출간 과정에서 책 뒤의 바코드가 생성됩니다. 이 바코드는 책의 주민등록 번호 같은 역할을 합니다. 책 뒤의 바코드에는 책의 기본 정보가 실려있습니다. ISBN 바코드가 있으면 정식으로 출판된 도서라는 뜻이고, ISBN 바코드가 없으면 비매품 도서입니다. 바코드에 보면 13자리 숫자와 5자리 숫자 등 모두 18자리의 숫자가 있습니다. 바코드 앞 13자리는 'ISBN 국제표준도서번호'라고 부르고 뒤 5자리는 '부가 기호표'라고 말합니다.

책 부위를 부르는 이름

출판사 편집자와 대화하려면 책을 부르는 기본 이름을 알고 있으면 좋겠지요? 책 윗부분은 '책머리', 오른쪽 페이지가 있는 부분은 '책입', 책 아랫부분은 '책발'이라고 부릅니다.

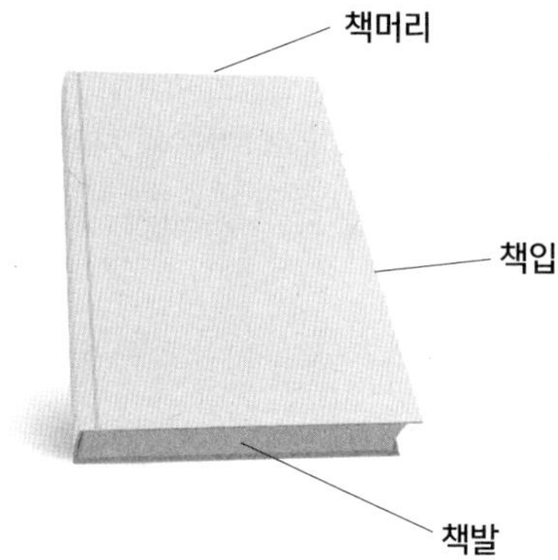

책 앞면을 기준으로 펼쳤을 때 제일 앞 정면을 '앞표지', 뒷면을 '뒤표지'라고 부르고 가운데 부분은 '책등'이라고 합니다. '책등'을 '세네카'라도도 하는데, 이는 일본말 '세나카'의 잘못된 발음이기도 하고, 우리말 쓰임에 따라 '책등'으로 바뀌는 추세입니다. 앞표지 안쪽을 '앞날개', 뒤표지 안쪽은 '뒷날개'라고 부르고 책 표지에 별도로 씌우는 종이를' 띠지'라고 부릅니다.

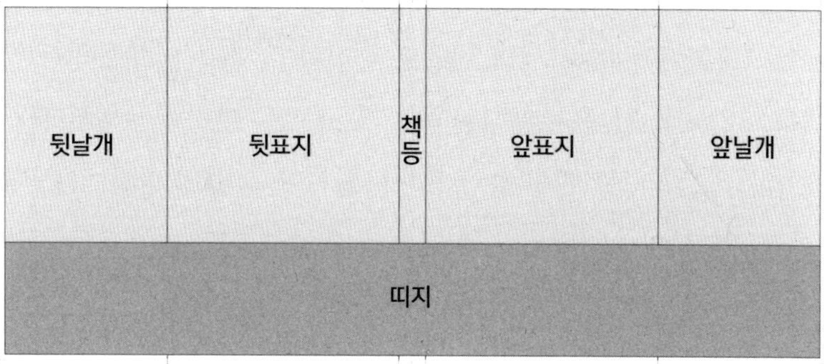

책 크기

책의 가로 세로 크기는 다양합니다. 가장 흔한 규격은 4x6판, 국판, 신국판, 4x6배판, 국판... 5종이 있습니다. 책의 종류와 함께 독자들이 책을 읽을 때 어떤 규격이 가장 적절할지에 따라 책 크기를 결정합니다.

판형	호칭	크기(mm)	예
B6	4x6판	128*188	작은 도서, 시집
A5	국판	148*210	교과서, 대중 서적
신A5	신국판	152*225	가장 많은 대중 서적
B5	4x6배판	188*254	학습서, 시사주간지
A4	국배판	210*297	여성지, 보고서, 문제집

책 원고가 윤문을 거쳐, 책의 형태로 모양을 바꾸는 출간이 진행됩니다. 출판사 전문가들이 책의 제목을 정하고, 인디자인 등 전문 프로그램을 활용하여 책의 형태로 편집하고, 전문 인쇄소에서 인쇄하고 감리를 합니다. 완성된 책을 도서 유통망을 활용해서 서점에 납품하는 과정까지를 출간이라고 합니다. 상업 출판을 하는 경우 출간 과정에서는 작가가 할 일은 많지 않고, 출판사 주도로 진행되고 중간중간 상황을 공유하는 형태로 진행됩니다.

5. 도서 홍보

출판사가 책을 제작하는 동안, 작가는 홍보를 준비해야 합니다. 홍보를 출판사만 하는 것으로 생각하는 경우가 있습니다. 그렇지 않다고 단호하게 말씀드려요. "예수님과 부처님 빼고는 책의 성공은 작가의 홍보력에 달려있다."라는 말이 있을 정도로 저자의 홍보 노력은 중요합니다.

출판사는 출간 준비, 작가는 홍보 준비

우리가 처음 출판사의 문을 두드릴 때는 '출간기획서'와 '원고'를 같이 보내는데요, 출간기획서에서 출판사가 가장 눈여겨보는 부분이 목차와 함께 "책을 출간한 후 작가의 홍보 계획"이라고 앞에서 말했습니다.

출판사에서는 책이 출간되고 보통 1개월 정도만 홍보하고, 그다음부터는 다른 작가의 다른 책 작업을 진행합니다. 그래서 1개월 동안 판매가 잘되면 추가 홍보를 해주지만, 1개월 동안 했는데 판매가 잘 안되면 홍보는 끝납니다. 출판사에서는 내 책이 1년에 출판하는 여러 권의 책 중 한 권일 뿐이지만, 작가에게는 영원히 이 책이 꼬리표처럼 따라다니기 때문에 책을 쓴 작가는 이 책의 수명이 끝날 때까지 지속적으로 홍보를 해야 합니다.

작가가 책을 홍보하는 방법

작가들이 책을 홍보하는 방법은 다양한데요, 제일 많이 하는 홍보는 블로그, 페이스북, 인스타그램, 브런치, 유튜브, 팟캐스트, 엑스, 쓰레드 등 다양한 SNS로 홍보합니다. 아래는 제가 실제로 썼던 출간기획서의 홍보 계획입니다. 강의, SNS, 저자 강연회, 자체 홍보물 제작, 이벤트 등 작가 스스로 할 수 있는 홍보를 자세히 작성합니다.

작가 홍보 예시
1. 강의 - 연간 강의 250회 이상 시행 중 - 주요 주제는 업무용 글쓰기, 독서법, 글쓰기, 자녀 독서 지도법, 자녀 쓰기 지도법, 독서토론 진행 등 - 서울~제주 전국 도서관, 문화센터, 독서모임, 사회복지 기관 출강으로 상시 홍보 가능 **2. SNS** - 네이버 인플루언서 - 네이버 인물 등록

- 블로그 이웃수 7,800여 명, 페이스북 팔로워 3,100여 명, 인스타그램 팔로워 4,200여 명, 카카오 채널 친구 7,000여 명, 카카오톡 친구 4,100여 명, 네이버 카페 책글사람 운영자 회원 2,200명 등 SNS이웃 28,400여 명
- 신간 출간 시 각종 SNS 채널과 카카오 채널로 홍보 문자 발송, 각종 밴드와 지인 개별 홍보 등 경험 다수

3. 대면/비대면 저자 강연회

- 독립 서점 4곳과 저자 강연회 직접 진행 가능
- 네이버 1위 ** 맘카페 유튜브 출연 가능
- 작가 직접 줌/대면 강의 진행 경험 다수

4. 자체 홍보물 제작과 서평 이벤트

- 홍보용 포스트잇 자체 제작하여 강의시 배부
- 자체 서평 이벤트 진행 경험 다수
- 서평단 직접 운영중

저는 위 예시에 쓴 것처럼 전국을 다니면서 강의를 할 때 강의 교안에 책 표지를 넣어서 홍보합니다. 개인 사비로 책 표지를 넣은 포스트잇을 제작하여 대면 강의 시 참여자에게 배부하며 자연스럽게 14권의 책 표지를 독자에게 노출합니다. 블로그와 페이스북, 인스타그램, 네이버 카페, 카카오 채널 등 다양한 SNS로 책 출간 소식과 홍보물을 직접 홍보합니다. 제가 직접 서평단을 운영해 보기도

했고, 쿠폰 증정 이벤트를 해보기도 했습니다. 방송 출연으로 홍보를 하기도 하고, 지인에게 부탁해서 연예인 SNS에 책을 노출하는 홍보를 하기도 했습니다. 또 서울사회복지사협회 탐서클, 휴먼임팩트협동조합, 클래스유, 즐거운사회복지궁리소 등에 온라인 강의 영상을 촬영해서 책 홍보를 하고 있습니다. 이 책을 사람들에게 알리고, 이 책이 판매되게 하는 방법이 무엇일지 궁리해서 적으시되, 단 실현 가능하게 작성해 주셔야 합니다. 거짓으로 쓰면 안 됩니다.

출판사에서 책을 홍보하는 방법

출판사에서는 홍보비를 사용해서 신문 광고, 잡지 광고, 텔레비전 광고, SNS 광고, 온라인 서점과 오프라인 서점 광고를 합니다. 서평단을 통해서 책을 제공해 주고 서평을 올리게 하거나, 책을 읽은 후 이벤트 응모를 하는 홍보를 합니다. 출간 시점에 보도 자료를 작성해서 언론 홍보를 하고, 저자 초청 북 콘서트나 서점, 도서관 등과 저자 강연회를 열기도 합니다. 오프라인 서점 매대 관리, 온라인 서점 광고도 진행합니다. 오프라인 서점 매대에 책표지가 보이고, 홍보지가 붙어있고, 온라인 서점에 팝업 창이나 광고가 나오는 것은 새 책이 나오면 서점에서 알아서 해주는 것이 아니라 다 출판사의 홍보비로 되는 것입니다.

홍보가 중요한 이유

작가에게 책 홍보가 왜 중요할까요? 바로 다음 책을 위해서입니다. 여러분의 책이 최소한 1쇄는 팔려야 다음 책을 낼 가능성이 생깁니다. 여러분이 지금은 아직 책을 쓰지 않았기 때문에 1권만 내고 싶다고 생각을 하겠지만, 책을 내고 나면 '세상에 책을 낸 사람이 너무 많구나'를 알게 되어서 다음 책을 또 쓰고 싶다는 열망이 생깁니다. 그런데 책을 1권 내면 그 책은 여러분의 이력이 됩니다. 어떤 주제로 어떤 책을 썼는지, 얼마나 판매되었는지가 다음 책을 출판하는 출판사 편집자에게 참고 자료가 되기에 첫 책을 낸 후 홍보를 신경 써야 다음 책을 더 좋은 출판사와 낼 기회가 생깁니다. 출판사에서는 사람들을 두 분류로 나눕니다. "책을 쓴 사람과 못 쓴 사람". 그리고 책을 낸 사람은 다시 두 분류로 나눕니다. "책을 1권만 낸 사람과 여러 권을 낸 사람".

저도 처음에는 세상에 내 이름이 들어간 책이 1권만 있었으면 좋겠다고 생각했지만, 지금은 목표가 바뀌었습니다. 지금 제 목표는 1년에 1권씩, 총 30권의 책을 내는 것이 목표이고 그중 10권은 10쇄 이상 팔리는 베스트셀러가 되는 것, 그중 몇 권은 해외에 판권이 팔렸으면 하는 소망이 있습니다.

베스트셀러 작가 핸드류 매튜스는 100만 권 책 판매의 비법으로 "100만 권이 팔릴 때까지 100만 마일을 다니면서 500번 연설을 하고 1,000번의 인터뷰를 했으면 23번 짐을 잃어버렸다."라고 알려져 있습니다. 대단하지요?

차기작 준비하기

신작 도서 홍보와 함께 여러분은 다음 책을 준비해야 합니다. 주변 작가들을 보면 책을 1권만 내고 끝내는 사람도 있고, 꾸준히 1년에 1권씩 내는 사람도 있고, 1년에 3~4권씩 내는 사람도 있는데요, 출판사에서는 1년에 1권씩 꾸준히 집필하는 것을 제안합니다. 책을 내고 1년이 지나면 여러분의 책과 여러분은 잊힙니다. 지속적으로 여러분의 지식을 업데이트하고 전문성 확장을 위해서 1년에 1권씩 정기적으로 출간하는 것을 제안합니다.

일반적으로 출판계에서는 자비 출판이나 공동 저서는 집필 경력으로 정식 인정 안 하고, 상업 출판으로 단독 저서 2권 이상 집필했을 때 작가로 인정해 주는 암묵적인 분위기가 있습니다. 도서관에서 책을 보고 저자 초청 강연을 할 때도 공동 저서 작가에게는 연락하지 않습니다. 단독 저서 작가에게 강의 의뢰를 하지요. 심지어 어떤 도서관은 단독 저서 2권을 쓴 작가부터 초대하는 내부 기준이 있다고 전해 들었습니다. 혹시 첫 책을 공동 저서로 집필하신 분이 있다면, 다음 책은 꼭 단독 저서 쓰기에 도전하세요.

그리고 현재 단독 저서를 1권만 쓰신 분이 있다면 꼭 1권 더 집필해서 최소 단독 저서 2권부터 작가로 인정받을 수 있습니다.

06

예비 작가의 Q&A

책을 써야지 생각하이 들었다가도 걱정이 되지요?

책쓰기 컨설팅을 진행한 예비 작가들의 궁금함을 함께 살펴보아요

Q1. 글쓰기 재능이 없어요.

책을 쓰기 위해서는 글쓰기 재능이 있어야 한다고 생각하는데요, 여러분이 쓰고 싶은 책의 분야가 소설, 시, 에세이 같은 문학 분야라면 글쓰기 재능이 필요합니다. 하지만, 여러분이 쓰려는 책의 분야가 사회복지 관련 실용서, 자기계발서, 전공 서적이라면 비문학 글쓰기이기 때문에 이 책에서 제가 알려드리는 방법대로 진행하면 누구나 책 1권은 쓸 수 있습니다. 사회복지사로 기관에서 일상적인 업무용 글쓰기를 해본 사회복지사라면 누구나 비문학 책 쓰기를 할 수 있습니다. 제가 이 책에서 주로 비문학 책쓰기를 주제를 다루는 이유도, 비문학은 '기술'로 가능한 글쓰기이기 때문입니다.

그래도 걱정이 된다면 전문가에게 도움을 요청하세요. 제가 책 쓰기를 도와드린 분 중 아직 책쓰기를 못한 분은 한 명도 없습니다. 제가 상업 출판 책 집필을 도와드린 가장 어린 당사자 작가는 2005년생으로 집필 당시 대학교 1학년 20세 여자 청년이고, 책 집필을 도와드린 가장 나이가 많은 사회복지사 작가는 1963년생 남자 사회복지사였습니다. 20세의 당사자도, 63세의 사회복지사도 책을 낼 수 있습니다.

Q2. 책은 아무나 못쓰죠?

책은 아무나 못쓴다고 생각하는 분이 많습니다. 그러나 요즘은 아무나 책을 씁니다. 아동, 청소년, 백수, 유튜버, 보험설계사, 헬스트레이너, 학원강사, 요리사, 워킹맘, 전업주부가 쓴 책을 쉽게 만나볼 수 있습니다. 아무나 책을 쓰는 이유는 무엇일까요?

백수가 책을 쓰면 작가가 됩니다.
직장인, 일반인이 책을 쓰면 퍼스널 브랜딩이 됩니다.
전문가, 사업가가 책을 쓰면 PR이 됩니다.
박사가 책을 쓰면 저명인사, 돈을 버는 지식인이 됩니다.
사회복지사가 책을 쓰면, 사회복지 전문가가 됩니다.

책을 내면 해당 분야의 전문가로 자연스럽게 인정받습니다. 제가 독서법 책을 내자 독서 전문가, 자녀 독서 지도법 책을 내자 부모 교육 전문가, 사회복지 글쓰기 책을 내자 사회복지 행정 실무 전문가로 사람들이 저를 부르기 시작했습니다. 책을 내면 여러분 스스로 말하지 않아도 사람들에게 전문가로 '퍼스널 브랜딩' 될 수 있습니다. 나의 경력증명서, 강의 횟수, 박사 학위, 사업자등록증보다 내가 집필한 책 한 권이 나를 전문가로 알려지게 합니다.

Q3. 책 한 권 쓰는 데 시간이 얼마나 걸려요?

여러분 생각에 책 쓰기는 시간이 얼마나 걸릴 것 같나요? 1년? 2년? 10년? 아닙니다. 저는 책쓰기 컨설팅을 할 때 컨설팅 기간을 6개월로 계약서를 작성합니다. 책쓰기 준비부터 출판사 계약까지는 6개월, 실제 원고 집필은 3개월이면 됩니다.

『우리가 만난 청소년에 대하여』를 집필한 전종수 작가와 『가출 쫌 해본 이광연』을 집필한 이광연 청년 작가는 첫 원고 작성일이 9월 13일인데, 마무리는 11월 29일에 해서 총 원고 작성은 10주가 소요되었고, 책은 2025년 1월 10일에 발간되었습니다. 주제 선정에서 소개해드린 H 작가님은 1월에 컨설팅 계약을 하고 2월에 출간기획서 작성, 3월부터 6월 원고 집필과 퇴고를 끝내고 7월 1주에 투고해서 출판사와 계약을 했습니다. 또 다른 K 작가님은 3월에 컨설팅 계약을 하고 4월에 출간기획서를 작성, 4월부터 6월 원고를 집필하고, 7월에 원고 수정 후 8월에 출판사와 계약을 하였습니다.

책쓰기는 시간의 문제가 아니라 우선순위의 문제입니다. 오늘부터 쓰면 6개월 뒤에 여러분은 작가가 되어있겠지만, 1년 뒤, 2년 뒤, 10년 뒤로 미루면 여러분은 1년 뒤, 2년 뒤, 10년 뒤에도 작가가 되지 못할 것입니다.

Q4. 지금은 바쁘고, 은퇴 후 책 쓰려고요.

"지금은 책 쓸 시간이 없고, 은퇴하면 책 써야지"라고 하는 분이 있는데, 책은 현직에 있을 때 써야 합니다. 오히려 책 집필로 은퇴를 준비한다고 생각하세요. "시간이 없어서 책을 못 쓰는 사람은, 시간이 있어도 책을 못 쓴다."는 말이 있습니다. 은퇴한다고 갑자기 책 쓸 시간이 생기지 않습니다.

두 번째로 현직에 있을 때 책을 써야 하는 이유는 직업 은퇴 나이가 70세이기 때문입니다. 남성 86세, 여성 90세로 평균 수명이 늘어가면서 최소 70세까지는 일해야 합니다. 그런데 사회복지사는 60세에서 65세에 은퇴하게 되는데요, 여러분이 은퇴한 시점부터 1년이 지나면 사람들에게 잊혀집니다. 기관장으로 은퇴하면 지인들이 강의 의뢰를 합니다. 하지만 이런 전관예우는 기한이 만 1년입니다. 여러분의 강의가 전문 지식을 담고 있다면 지속적으로 강의 의뢰가 올 수 있고, 지속적인 강의 의뢰는 지인이 아니라 나를 모르는 사람이 나를 강사로 초청해 줄 때 발생합니다. 따라서 현직에 있을 때 내가 앞으로 강의하고 싶은 분야, 전문직으로 불림 받고 싶은 분야의 책을 미리 집필하는 것이 현명합니다. 은퇴 전에 특정 분야의 전문가로 사람들에게 인식되는 것이지요. 은퇴 이후 진로를 책쓰기로 미리 준비하세요.

Q5. 책은 쓰고 싶은데 지인들이 신경 쓰여요.

"지인들이 내 책을 읽을까 봐 책을 못 내겠어요."라며 주변 사람들이 신경 쓰인다고 말하는 분이 있습니다. 그런데 지인은 내 책의 독자가 아닙니다. 지인은 여러분 책을 돈 주고 사서 보지 않습니다. 책을 냈다고 축하해주지만, 책을 선물 받기를 원하는 경우가 더 많습니다. 정말 인품이 훌륭한 분들은 내가 쓴 책이 필요 없어도 책을 사는 모습을 보여주지만, 제가 14권의 책을 내는 동안 안 그런 사람을 더 많이 만나보았습니다. 여러분이 신경 쓰는 지인은 절대로 내 책의 독자가 아니니, 신경 쓰지 마세요. 여러분의 독자는 서점에서 내 책을 돈 주고 사서 보는 사람, 아직 만나보지 못한 미지에 있는 숨겨진 독자가 진짜 독자입니다.

그래도 신경 쓰인다면, 필명으로 책을 낼 수 있습니다. 표준 출판 계약서에는 '필명'을 쓰는 칸이 있습니다. 여러분이 잘 아는 채사장, 세이카 작가도 필명으로 책을 냈습니다. 제 지인 중에서도 시댁에서 책 낸 것을 알게 되기를 원치 않아서, 또 한 분은 회사에 책 낸 것을 알리고 싶지 않아서 필명으로 책을 낸 작가님도 있습니다. 그런데 여러분이 전문가로 퍼스널 브랜딩하고 싶다면 본명으로 책을 내는 것을 추천해 드립니다. 필명과 본명이 다르면 여러분의 전문성을 확산시키기 어려울 수 있습니다.

Q6. 이 정도는 다 알지 않나요?

사회복지사와 이야기를 나누다가 전문성이 느껴져서 책을 써보라고 하면 "다른 사람들이 이 정도는 알지 않나요?"라고 저에게 반문합니다. 아닙니다. 생각보다 사람들은 자기 영역 외에는 잘 모릅니다. 저는 종합사회복지관에서 근무하면서 주로 가족복지, 지역아동센터, 가정폭력상담소, 총무팀, 총괄 행정 관련 업무만 해보았습니다. 그래서 장애인, 정신장애인, 노인에 대해서는 잘 모릅니다.

여러분이 10여 년간 일한 분이라면 내 생각보다 여러분은 이미 전문가입니다. 그리고 우리가 쓴 책을 읽어볼 사람은 나보다 전문가가 내 책을 읽는 것이 아니라, 신입, 예비 사회복지사처럼 이 분야를 잘 모르는 사람이 읽는 것이기 때문에 내가 알고 있는 지식을 선배가 후배에게 나의 경험과 지식과 기술을 친절하게 알려준다는 마음으로 설명하면 됩니다. 또 나보다 전문가인 사람은 자신이 직접 책을 쓰지, 내가 쓴 책을 읽지 않습니다. 여러분이 좋아하고, 오랫동안 해온 일이 있다면 책을 쓰세요. 내 책이 꼭 필요한 후배가 어딘가에서 내가 책을 써주기를 간절히 기다리고 있다는 마음으로 책을 쓰세요.

Q7. 일기나 SNS 글을 모으면 책이 될까요?

"이전부터 썼던 일기나 블로그 글이 있는데, 책이 될까요?"라는 질문에 대답은 '세모'입니다. 이런 글은 여러분의 글솜씨에 따라 책이 될 수도 있고, 안될 수도 있습니다. 왜 그럴까요? 일기는 내가 작성해서 나 혼자 보려고 쓰는 글이지만, 책은 다른 사람 보라고 쓰는 글입니다. 일기이지만 다른 사람이 읽어도 공감이 되고, 이해가 잘 되게 쓰여 있다면 책이 될 수 있어요.

여러분이 그동안 SNS에 썼던 글이나 일기가 같은 주제로, 목차 40개, A4 100매 분량이 된다면 엮어서 책이 될 수 있어요. 그런데 각각 글 길이가 다르고, 주제가 다르고 형식이 다르고, 내용이 신세 한탄이나 특정인 욕이거나 공감이 전혀 가지 않는 일기장이라면 책이 되기는 어렵습니다. 에세이 작가 중에 평소에 썼던 일기를 모아서 출판사로 투고했더니, 책으로 나왔다고 하는 경우가 있습니다. 그런 경우는 평소 같은 주제로 일관성 있는 글쓰기를 했고, 글쓰기 재능이 있는 분이었기에 책이 될 수 있었을 것입니다. 내가 이전에 쓴 SNS 글이나 일기가 있을 때는 혼자 고민하지 말고, 일단 출간기획서를 작성해서 출판사에 투고해 볼 것을 제안합니다. 안 했다가 후회하는 것보다 일단, 한번 해보는 겁니다. 출판이 되면 좋고, 아니면 말고, 손해 볼 것 없잖아요?

Q8. 에세이나 한 번 써볼까요?

에세이를 써보려고 하는 작가님들께 제가 하는 질문이 있습니다 "혹시 수기집 대회나 백일장에서 수상한 적이 있나요?"를 물어서 수상을 했다고 하면 에세이 쓰기를 도와주지만, "그런 적 없어요." 라고 하면 안 도와줍니다. 에세이는 글의 갈래에서 '문학'에 속합니다. 그래서 흔히 말하는 재능이 필요한 책쓰기입니다.

에세이는 대중의 공감을 받는 공개된 일기장이라고 생각합니다. 에세이는 손 가는 대로 쓰는 글이라고 부르지만, 절대 손 가는 대로 쓰는 가벼운 글쓰기가 아닙니다. "그냥 에세이 한번 써볼까?"가 아니고, 한 사람이 온몸으로 직접 보고 겪고 느낀 온 맘을 다해 진하게 써야 합니다. 저는 어쩌면 에세이는 한 사람이 자신의 온 맘을 넣어서 평생 한 권밖에 못 쓰는 것이 아닐까? 라고 생각한 적도 있습니다. 무엇보다 출판사 편집자들이 말하길 에세이는 책 두 페이지마다 독자가 밑줄 칠만한 명문장이 필요하다고 말합니다. 작가의 재능, 글솜씨가 필요하다는 뜻이죠.

여러분이 평소에 글쓰기를 잘하는 편이고, 대회에서 입상해본 경험이 있다면 에세이 쓰기를 추천합니다. 하지만 만만해 보여 도전한다면 차라리 비문학, 실용서 저서 집필을 추천합니다.

Q9. 자서전을 쓰고 싶어요.

연배가 있거나, 사연 있는 삶을 살아온 분들은 자서전을 쓰고 싶어 합니다. 자기만족을 위해서 혹은 지인에게 무료로 선물하는 용도라면 자서전 쓰기를 해도 되지만, 판매되는 책을 내고 싶다면 말리는 편입니다. 자서전은 팔리지 않습니다. 여러분이 연예인이나, 정치인이라면 팬이나 후원자가 있겠지만, 사회복지사라면 지인 몇 명 외에는 사지 않습니다. 판매되지 않는 책은 출판사에서 상업 출판을 하지 않습니다. 물론 자서전을 기념으로 내고 싶다면 자비 출판, 자가 출판, 독립 출판으로 가능합니다.

판매용 책이라면, 자서전보다는 자전적 에세이를 추천합니다. 자전적 이야기를 담은 에세이를 집필하면 여러분의 이야기가 판매되는 책이 될 수 있습니다. 나의 삶 전체를 담는 자서전이 아니라, 강력한 에피소드나 서사, 깨우침을 준 사건들만 추려서 에세이라는 형태로 집필하는 것입니다. 『태어나서 죄송합니다』는 저의 자서전인데요, 자서전이라고 하지 말고 책과 엮어서 어린 시절 입양과 아동 학대라는 사건이 저에게 미친 영향을 에세이로 풀어냈습니다. 제가 출판을 도와준 『가출 좀 해본 이광연』 책도 28살 청년의 자서전인데요, 자서전이 아니라 가정 밖 청소년 주제 에세이로 엮어서 책으로 나오게 되었습니다.

Q10. 개인 저서는 힘들고, 공동 저서는 한 번...

공동 저서를 집필할 때는 "반드시 공동 저서여야 하는 이유"가 필요합니다. 흔히 혼자 책 1권을 낼 자신이 없을 때 여러 사람을 모아서 책을 쓰면 분량이 적어서 쉽게 책을 낼 수 있다고 생각하는데요, 혼자 하기 힘들어서가 아니라, 여러 명의 목소리가 담겨야 하는 필연적인 이유가 있어야 합니다.

공동 저서를 쓸 때는 아는 사람과 친목으로 하는 것이 아니라 사전에 출간기획서를 작성하고 집필진을 확정하는 것이 좋습니다. 사전에 논의했어도 글에는 사람마다 개성이 드러납니다. 어떤 작가는 "~이다"로, 어떤 작가는 "~입니다"로 글을 씁니다. 표준 분량을 정했지만, 어떤 작가는 A4 8매를, 어떤 작가는 A4 15매를 작성합니다. 어떤 작가는 논문 쓰는 듯 글을 쓰고, 어떤 작가는 에세이처럼 글을 쓰기에 전체적으로 글의 톤을 정리해 줄 대표 작가 역할이 필요합니다. 합창단의 지휘자 같은 역할이죠. 내 글 쓰는데 걸리는 시간보다 남의 글 편집에 시간이 더 오래 걸리기에 대표 작가의 희생과 수고가 필요합니다. 일반적으로 출판계에서는 공동 저서 출판을 선호하지 않습니다. 도서관 등에서도 공동 저서는 집필 경력으로 보지 않는 경우도 많습니다. 그래서 공동 저서를 쓰신 분께는 언젠가는 단독 저서를 꼭 쓰라고 권합니다.

Q11. 책쓰기가 돈이 되나요?

혹시 이 책 독자 중에 "책을 써서 퇴사해야지"라고 생각하는 분이 있다면, 책 한 권 썼다고 퇴사하지 못한다고 말하고 싶습니다.

1년에 나오는 책 중 1쇄 2,000부가 다 팔리는 책이 전체 책의 10%이고, 그중에서 10,000부가 팔리는 책은 전체 책의 1%이라고 말했는데요, 2023년 기준 신간 도서의 평균 판매 권수는 1권당 평균 1,116권입니다. 2023년 평균 정가 18,000원 기준으로 책을 1권 써서 작가가 받는 인세를 10%로 계산해보면, 평균 인세 수입은 겨우 201만 원입니다. 그런데 이 인세는 지속적으로 들어오는 것이 아니라, 일회성입니다. 지급 시기도 월급처럼 매월 나오는 것이 아니고 3개월, 6개월, 1년 단위로 정산을 받으니 규모가 있는 삶을 살기도 어렵습니다. 또 초보 작가에게 주는 계약금은 평균 100만 원입니다.

물론, 인세와 계약금이 적지만 책을 냄으로써 강의 의뢰가 오고, 칼럼 의뢰가 오고, 자문 의뢰가 오고, 사업 기회가 오기에 책을 통해 결과적으로 돈을 벌 수는 있습니다만, 제가 만나본 많은 작가는 작가가 되어서 돈을 벌겠다는 생각보다는 자아실현이나, 발전 가능성, 퍼스널 브랜딩을 위해서 책을 쓰려는 분이 많습니다.

Q12. 책 내는데 돈이 얼마나 드나요?

책을 내는 데 드는 돈은 얼마일까요? 돈을 안 내고 출판할 수도 있고, 돈을 내고 출판 할 수도 있습니다. 앞에서 출판하는 방법 8가지를 설명했는데요, 그중에서 제가 가장 권장하는 '상업 출판'을 하면 작가가 내는 돈은 없고 오히려 계약금과 인세를 받습니다. 또는 브런치 출판 작가로 선정되거나, 출판사 공모전에 수상해서 출판하게 되면 작가가 돈을 받습니다.

그런데 자비 출판, 독립 출판, 자가 플랫폼으로 책을 내면 작가가 돈을 내야 합니다. 자비 출판을 하면 (책 크기, 쪽수, 용지, 단도· 칼러 인쇄, 제본 방식, 디자인 난이도 들의) 견적에 따라 500만 원에서 2,000만 원 정도 돈을 내고, 독립 출판을 하면 종이 종류와 내지 색상에 따라 인쇄소에 돈을 지급합니다. 자가 플랫폼에는 따로 내는 공식적인 비용은 없지만 표지 디자인을 하게 되면 별도 비용이 10만 원~100만 원, 내지 디자인을 하게 되면 장당 3,000원~9,000원 지급합니다. 크라우드 펀딩을 하게 되면 일반 시민에게 제작비를 후원받아 책을 내게 되어 작가가 되는 돈은 없지만, 후원금이 부족하면 작가가 돈을 내야 할 수도 있습니다. 이왕이면 돈을 받고 책을 내는 상업 출판을 권합니다.

Q13. 작가 겸직이 되나요?

겸직 됩니다. 지도점검 기준이 되는 공무원의 경우, 공식적으로 겸직할 수 있는 영역은 바로 책을 쓰는 것과 강의입니다. 그래서 겸직 승인을 받고 작가와 강사로 겸직을 할 수 있습니다.

꼭 겸직 승인을 받아야 하는 것은 아닙니다. 일반 직장인의 경우 고용노동부 판례를 살펴보면 '겸업 금지 조항'이 취업규칙에 명시되어 있더라도 소속 기관에 직접적인 피해를 주는 경우 이외에는 법적 효력을 갖지 않습니다. "근무 시간 외 근로자의 겸직은 사생활 범주에 속하기 때문에 전면적, 포괄적으로 금지하는 것이 부당하다."라는 판례가 있습니다. 즉, 업무 시간이 아닌 퇴근 시간이나 휴가, 주말 등을 이용해서 책을 쓰고 강의를 하더라도 소속 기관에 직접적인 피해를 주는 경우가 아니면 '사생활'로 봐서 용인된다는 것이죠. '소속 기관에 직접적인 피해'를 주는 경우는 무엇을 할까요? 불성실한 근무로 본 업무에 지장을 주거나 회사 이미지 실추, 업무상의 비밀 유출 등을 말합니다. 근무 시간 중에 책을 쓰면 안 되고, 책 속 기록된 내용이 소속 기관이나 클라이언트의 이미지를 실추시키면 안 됩니다. 특정인의 실명이나, 특정 기관명을 넣거나, 내용으로 누구인지 유추할 수 있도록 개인 정보를 노출하지 않도록 주의해야 합니다.

Q14. 책을 쓰다가 목차를 수정해도 되나요?

물론 가능합니다. 내가 만든 목차이기 때문에 원고를 작성하는 중간에 수정 가능합니다. 처음 정한 목차대로 쓰다가 새로운 아이디어가 떠오르면 일단 추가해서 목차를 넣어서 원고를 쓰세요.

원고를 쓰다 보면 어떤 목차는 A4 5장이 넘게 술술 쓰이는 목차가 있고 어떤 목차는 1장 쓰면 할 말이 없는 목차가 있고, 쓰다 보면 내용이 중복되는 목차도 있어요. 또 주제와 맞지 않는 이야기를 쓰게 되는 목차도 있습니다. 그런데 처음부터 목차를 완벽하게 하려고 하면 목차를 짜다가 원고 쓰기를 포기하거나, 원고를 쓰다가 계속 목차를 수정하면 논리성이 떨어지는 일이 생깁니다. 원고는 끝까지 일단 다 쓴 다음에 퇴고할 때 수정해야 합니다. 다 쓰고 나서 수정 시 너무 분량이 긴 목차는 페이지를 나눠서 목차 두 개로 나누기도 하고요, 써놓고 보니 필요 없는 목차는 삭제하거나 더 큰 목차 안에 소제목으로 넣는 방법도 있습니다.

글 쓰는 중간에 목차 개수를 늘리면서 추가하면서 쓰는 것은 추천하지만, 글 쓰는 중간에 삭제나 통합하는 것은 지양합니다. 삭제나 통합은 일단 원고 100매를 다 쓰고 나서 퇴고 단계에서 하는 것을 권합니다.

Q15. 출판사 몇 곳에 투고해야 할까?

작성한 원고를 가능한 여러 출판사에 투고하세요. 베스트셀러가 되려면 좋은 출판사와 상업 출판 계약을 해야 합니다. 저는 첫 책을 투고할 때 300곳 이상 출판사에 메일을 보냈습니다. 제가 여러 번 책을 내서, 원고를 쓰기만 하면 출판사와 자동 계약을 하는 것으로 오해하는 분들이 있습니다만, 작가는 프리랜서입니다. 책마다 건당 계약으로, 매 회기 원고를 써서 출판사와 계약합니다. 책을 투고할 때마다 계약이 될 수도 있고 안될 수도 있다는 거죠. 거절 메일을 수도 없이 받아봤고, "검토 후 연락주겠다."는 말이 거절인지도 모르고 몇 날 며칠 연락을 기다린 적도 있습니다.

『태어나서 죄송합니다』는 무려 세 번 계약이 파기된 후 겨우 나온 책입니다. 첫 계약은, 출판사가 문을 닫아서 파기되었습니다. 처음 출판사 편집자가 이직하면서 다시 계약했는데 그가 퇴사해서 두 번째 파기를 받았습니다. 낙담하다가 브런치에 글을 조금씩 올리면서 다른 출판사에 다시 투고했습니다. 원고가 좋다고 해서 계약까지 했는데, 글을 너무 못 써서 책을 낼 수 없다며 세 번째 계약 파기를 받았습니다. 그래도 포기하지 않고 가디언 출판사에 투고했고 그렇게 3전 4기로 책이 출판될 수 있었습니다. 세상에는 수많은 출판사가 있습니다. 포기하지 말고, 문을 두드리세요.

Q16. 추천사는 누구에게 어떻게 받나요?

모든 책에 추천사가 꼭 들어가야 하는 것은 아닙니다. 작가가 추천사를 받는 경우는 가능한 의미보다는 판매를 염두에 두고 추천사를 받으라고 권합니다. 냉정하지만 나에게 의미 있는 사람보다는, 추천사를 써준 분의 이름만 보아도 사람들이 책을 구매할 것 같은지, 아니면 추천사를 쓰는 분이 직접 책을 대량으로 구매할 수 있는 구매력이 있는 분인지를 고려하여 섭외합니다. 무조건 회장, 관장, 교수여서 받는 것은 지양해 주세요,

추천사는 원고 본문 중에 들어가기도 하고, 책 뒷면이나 띠지 등에 들어가는데요, 책에 들어가는 추천사는 통상 200자 원고지 2~3장 미만 분량입니다. 작가가 추천하는 추천사는 직접 섭외를 해서 추천자가 글을 직접 써줄 때도 있고, 작가가 초안을 준비한 다음 추천자가 검토해서 수정 후 줄 때도 있습니다. 출판사도 비슷한데요, 다만 출판사에서 추천사 의뢰를 할 때는 유명 작가나 인플루언서, 연예인 등에게 하다 보니 비용이 발생합니다. 띠지에 들어가는 한 문장 추천사는 10만 원에서 30만 원, 서문에 들어가는 긴 추천사는 20만 원에서 50만 원 정도선으로 알려져 있습니다.

Q17. 작가가 SNS를 꼭 해야 하나요?

예비 작가와 출간기획을 논의하다가 SNS를 물어보면 난감해하는 분이 있습니다. 책 홍보를 위해 SNS를 하는 것이 싫으면 강제할 수는 없습니다만, 책을 통한 '시너지'를 위해서는 하는 것이 필요합니다. 출판사에서도 불특정 다수에게 홍보하지만, 작가 스스로 지인이나 SNS 이웃에게 홍보해서 나쁠 것은 없다고 생각해요. 동시다발적으로 다양하게 홍보하면 전달력이 더 커지니까요.

작가가 SNS를 하면 지인들에게 책을 직접적으로 홍보를 할 수 있는 기회가 되고 제 책을 읽으신 독자와 소통할 기회가 생깁니다. 책을 읽고 메일을 주는 분도 있고, SNS에 책 읽은 소감을 솔직히 적어주시니 독자들이 어떤 생각을 하는지 알 수 있습니다. 또 핸드폰 번호를 몰라도 페이스북이나 인스타그램, 블로그. 카카오 채널 '전안나'를 검색해서 강의 의뢰도 많이 옵니다.

"나는 책을 내는 것이 목표일 뿐이고, 책이 얼마나 팔리는지 관심 없고, 강의도 하고 싶지 않고 시너지를 내는 것에 관심이 없다."하면 SNS를 안 하셔도 됩니다. 그렇지만 전문가로 퍼스널 브랜딩하고 강의를 하는 등 시너지를 내고 싶다고 생각하면 SNS가 필요합니다. 작가가 홍보하지 않는 책은 한 달 후면 잊혀집니다.

Q18. 출판사 계약을 파기할 수 있나요?

가능합니다. 제가 요청해서 계약 파기를 해본 경험이 있고, 출판사로부터 계약 파기를 당해본 경험도 있습니다. 계약서 도장 찍고 계약금까지 받았는데 파기를 하고 싶다면, 담당 편집자에게 계약을 파기하고 싶다고 상황 설명을 하고 협의하는 시간이 필요합니다. 당연히 계약 시 받은 계약금은 돌려줘야 합니다. 그리고 계약서상 파기에 따른 위약 규정을 지키면 파기할 수 있습니다.

예를 들어 어떤 곳은 계약서에 '파기'에 대한 조항이 들어가 있었는데요 "원고 디렉팅 후 파기 시 계약금 전액과 100만 원 위약금, 본문 디자인 제작 후 파기 시 계약금과 200만 원 위약금, 제작 들어가고 파기 시 계약금과 300만 원 위약금에 실제 제작 소요 비용 일체"로 명시가 된 무서운 출판사도 있습니다. 저는 그동안 다행히 별도의 위약금 없이 파기를 원만하게 했습니다.

그런데 만약 해당 출판사에서 파기를 할 수 없다고 나오면 원래 출판사에서 책을 계속 내기도 그렇고, 다른 출판사와 이중계약을 할 수도 없으니 좀 많이 힘들어질 수 있습니다.

Q19. 1쇄는 몇 부인가요?

평균적으로는 상업 출판 인쇄는 2,000부가 1쇄입니다. 하지만 대형 출판사와 소형 출판사, 자비 출판사, 독립 출판사 등 각 출판사에 따라 1쇄의 기준은 다릅니다.

『1천 권 독서법』은 1쇄는 3,000부, 2쇄는 2,000부, 3쇄는 3,000부, 4쇄는 2,000부로 인쇄했고, 『쉽게 배워 바로 쓰는 사회복지 글쓰기』는 1쇄를 2,000부 인쇄했고, 2쇄는 2,500부, 3쇄부터 6쇄는 각 2,000부 인쇄했습니다. 그렇지만 제가 운영하는 ㈜책글사람은 1인 출판사로 소형 출판사이기에 1쇄를 500부만 인쇄합니다.

내가 계약하는 출판사의 1쇄 기준이 몇 부 인지 물어보는 것이 가장 정확합니다.

Q20. 책쓰기에 실패한 적은 없나요?

실패, 엄청 많이 해보았습니다. 첫 책이 나온 후 두 번째 책을 써서 투고했는데 계약하자는 연락이 아무 곳에서도 안 왔습니다. 이대로 포기할 수는 없었습니다. 전문 작가를 찾아가 1:1 첨삭을 받아 독자와 주제를 바꾼 후 겨우 출판 할 수 있었습니다. 이후에 어느 출판사에서 먼저 연락이 와서 어린이용 책을 집필했는데, 원고를 보내니 글이 너무 어렵고 목차가 별로라면서 계약 해지를 당했습니다. 또 어떤 책은 출판사가 폐업하고, 담당자가 이직하고, 글을 못 썼다며 계약 해지를 3번 당하고 겨우 4번째 만에 출간한 책도 있습니다. 그동안 14권의 책을 내면서 순탄한 적은 단 한 순간도 없었습니다.

저는 14권의 책을 내기 위해 투고 이메일을 몇천 개를 보냈습니다. 거절 메일과 회신 없는 메일 역시 몇천 개를 경험해 보았습니다. 출판사 미팅을 몇백 번을 했습니다. 출판 계약서 도장을 19번을 찍었고, 그중 5번은 계약 해지를 당해보았습니다. 제 컴퓨터에는 출판하지 못해 버려진 원고와 쓰다가 포기한 원고들이 몇백 장 들어있습니다.

처음 출판사를 차리고서도 많은 사건 사고가 있었습니다. 오타로

인해 인쇄비 100만 원을 날린 적도 있고, 받은 출간 비용보다 디자이너에게 더 많은 돈이 나가서 마이너스가 난 적도 있습니다. 그런 시행착오 덕분에 저는 책을 출판하는 방법과 기술을 알게 되었고, 다른 분의 책쓰기를 도와줄 수 있는 지식과 경험을 갖추게 되었습니다. 제가 9년 동안 14권의 책을 낼 수 있었던 것은, 출판사를 통해 50여 명의 작가를 데뷔시킬 수 있었던 것은, 많은 도전과 실패 덕분입니다.

저는 베스트셀러 작가라고 불리지만, 제가 가장 글을 잘 쓰는 사회복지사라고 생각하지 않습니다. 어쩌면 사회복지사 중에 글을 제일 잘 쓰는 사람은 아직 책을 안 낸, 어쩌면 평생 내지 않을 누구일지도 모릅니다. 다만 지금 책을 낸 작가들은 가장 용감한 사람이라는 점은 분명합니다. 두려움을 이기고 책을 쓰고, 무수한 거절 받을 것을 알면서도 출판사에 투고하고, 책이 잘 팔리지 않을 거라는 염려를 안고 홍보를 시작하고, 비판을 각오하면서 내 책의 독자를 만나고, 다음 책을 또 쓰는 가장 용감한 사람들이 바로 저와 여러분입니다.

저의 작가로서의 롤모델은 '피터 드러커'입니다. 피터 드러커는 평생 40여 권의 책을 썼는데 그중 2/3는 65세 이후에 집필했습니다. 가장 마지막 책은 90세에 집필했고, 94세에 사망을 했습니다. 저도 1년에 1권씩 30권 이상 책을 집필하고, 65세 이후에도 책을 읽고 책을 쓰는 할머니가 되고 싶다는 소망이 있습니다.

제 생각에 나이가 많은 사람이 유리한 몇 안 되는 직업이 '작가'가 아닐까 생각합니다. 나이가 들수록 다양한 경험을 바탕으로 삶에 대한 깊은 성찰이 가능하고, 경력과 경험으로 독자들에게 신뢰를 얻을 수 있고, 보다 넓은 시각과 폭넓은 지식으로 자신만의 철학과 경험을 담아 젊은 작가가 알 수 없는 깊이 있는 이야기를 들려줄 수 있다고 생각합니다.

저는 앞으로도 계속 책을 쓸 것입니다. 수많은 투고를 할 것이고, 수많은 거절을 받을 것이지만, 그래도 저는 또 시도할 것입니다. 언제까지? 저의 롤모델처럼, 90세까지요.

글쓰기를 좋아하고 잘하나요?
이제, 책쓰기를 위한 글쓰기를 하세요.

재능이 없어서 걱정인가요?
괜찮아요. 전문 지식을 담은 비문학을 쓰세요.

주제를 무엇으로 할지, 어떻게 써야 할지 모르겠나요?
지금 바로 전문가와 상담하세요.

가독성 좋은 문장 작성이 어렵나요? 어휘력이 부족한가요?
쓰기만 하세요. 처음부터 끝까지 첨삭해 드릴게요.

책 쓸 시간이 없나요?
딱 6개월만 인생을 바꿀 투자를 하세요.

여러분의 삶을 바꿔줄 책 쓰기를 위해 필요한 시간은 딱 6개월입니다. 당신도 인세 받는 작가가 될 수 있습니다.

저자 소개

전안나

책으로 글로 사람을 돕는 베스트셀러 작가 사회복지사

현) ㈜책글사람 대표

현) 한국성서대학교 사회복지학과 외래강사

전) 월계종합사회복지관 부장

저서

『1천 권 독서법』, 다산북스, 2017

『기적을 만드는 엄마의 책공부』, 가나출판사, 2019

『초등 하루 한 권 책밥 독서법』, 다산북스, 2020

『쉽게 배워 바로 쓰는 사회복지 글쓰기』, 인간과복지, 2021

『초등 6년 읽기 쓰기가 공부다』, 키출판사, 2022

『태어나서 죄송합니다』, 가디언, 2022

『나의 마흔에게』, 풀빛, 2023

『나 브랜드 사회복지사』, SKKUP, 2024

『AI 사회복지 글쓰기』, 부크크,2024

『사람과 사회를 연결하는 사회복지사』, 토크쇼, 2024

『사회복지사는 어때』, 토크쇼, 2025

『사회복지 어휘력 수업』, ㈜책글사람, 2025

『AI와 직장인 글쓰기』, 커뮤니케이션북스, 2025

강의

사회복지 글쓰기

AI 사회복지 글쓰기

컨설팅

사회복지 책쓰기 컨설팅_단독 저서

사회복지 책쓰기 컨설팅_공동 저서

연락처

이메일 book365@kakao.com

카카오채널 전안나작가/ 페이스북 전안나

인스타그램 전안나/ 블로그 전안나작가

전안나의 책쓰기 수업

저자 · 전안나

발행인 · 이명묵
디자인 · 김선미

발행일 · 2025.12.5.
발행처 · 도서출판 인간과복지
신　고 · 제 2019-000007호
주　소 · 경기도 파주시 문발로 119 200호
전　화 · 02-383-0743
팩　스 · 02-382-3486
이메일 · hwbook22@daum.net
카　페 · https://cafe.daum.net/hwbook1

값 · 15,000원

ISBN 978-89-8007-232-3 93330